脳科学が教える
一瞬で心をつかむ技術

東北大学認知行動脳科学
研究分野准教授
細田千尋
Chihiro Hosoda

PHP

はじめに

「一瞬で相手の心をつかむ人」と聞いて、読者のみなさんはどのような印象をもたれるでしょうか？

私が思う「一瞬で相手の心をつかむ人」とは、相手の想いを尊重し一瞬でその人を魅了してしまう人です。なぜか、いつもその人の周りには人が集まっている、次々と仕事が舞い込んでくる、異性からのアプローチも絶えない……。

そのような人たちは共通して、相手が最も興味のあることに対してごく自然とアプローチすることができています。

こう書くと、「興味があることは人によって違うから……」「相手が何に興味を持っているのか探ることから始めなければならないのか」「初対面ではなかなか難しいな……」と感じるかもしれません。でも、すべての人に共通して興味があることが、ひとつだけあります。

それは自分自身です。

人は他者に尊重され、認めてもらうことに強い関心を持っています。たとえば、取引先の人と雑談をしているときに、「○○さんのこの間のサポートには大変助けられました」「○○さん、この間始めたって話されていたゴルフのほうはどうですか?」など自分が以前何気なく話したことを覚えてもらっていたり、話題にしてもらったら、嬉しく感じませんか。

社会的報酬を得られると、人は精神的に満たされます。社会的報酬とは、人との関わりやコミュニケーションを通じて得られる心理的な満足を示します。具体的には、他人からの賞賛、承認、友情、愛情、尊敬、それらのやり取りから築くことができる信頼できる人とのつながりそのものが社会的報酬にあたります。このような社会的報酬は、人間の幸福感やモチベーションを高め、人を大きく動かすきっかけになります。たとえば、仕事での成果が認められて褒められると、その満足感や達成感が次の挑戦に向かう原動力になります。社会的報酬は、金銭的な報酬とは異なり、信頼しあえる関係など、感情的な人とのつながりを通じて得られるものであり、人間関係やコミュニケーションの質を向上させる重要な要素です。

ところが、人との信頼できるつながりを得たいと思っても、現代社会において、私たちの人と人とのつながりは、かつてないほど希薄になってきています。スマートフォンやSNSの普及によって、物理的な距離が縮まる一方で、心の距離は逆に広がっているように感じることも少なくありません。こうした背景の中で注目されるのが「社会関係資本」という概念です。

社会関係性資本とは、人とのつながりを「資本」とする考え方です。家族や友人、同僚など信頼できる人とのつながりそのものが、私たちの心と体の健康、仕事の成功、人生全般の幸せに関わってくる重要な資本です。つまり、人との良好な関係をつくることは、自分の未来への投資でもあります。

私たち東北大学の研究でも、子ども時代から社会関係資本を積み上げることが、成人後のウェルビーイング（幸福感）に強く影響することが明らかになっています。

多くの人が直面する課題は、まさにその人間関係の構築です。理論的には重要だと理解していても、実際に信頼できる人とのつながりを「資本」として意識的に積み上げることは容易ではありません。とくに、人との人間関係を築くことに苦手意識を持つ人にとっては、これは大きなハードルとなり得ます。

私自身も、人間関係を築くのは苦手です。それでも多くの人に支えられて現在に至っているのは、人とのつながりが私の研究活動や人生にとって欠かせないものだからです。とくに、研究では、さまざまな専門分野を持つ人々、さらに研究者以外の企業や自治体などの方々とも円滑にコミュニケーションを取り、協力し合うことが不可欠です。その過程で、私自身も少しずつ社会関係資本を築いてきました。

では、人間関係が得意ではない人は、どのようにして人とのつながりを増やし、ウェルビーイングを向上させることができるのでしょうか？

私たちは皆、誰かとつながりを持ち、認められたいと願っています。それは、脳科学の観点からも明らかです。たとえば、ある実験[*1]で被験者が自分のことを話しているとき、脳内の特定の領域、とくに側坐核《そくざかく》や腹側被蓋野《ふくそくひがいや》が活性化し、ドーパミンという神経伝達物質が放出されることがわかりました。ドーパミンは快楽物質として知られ、美味《おい》しい食事や趣味を楽しんでいるとき、目標達成時、褒められたときなど、私たちが快感を得る瞬間に分泌される物質です。つまり、人は自分のことを話すとき、それが会話であれソーシャル

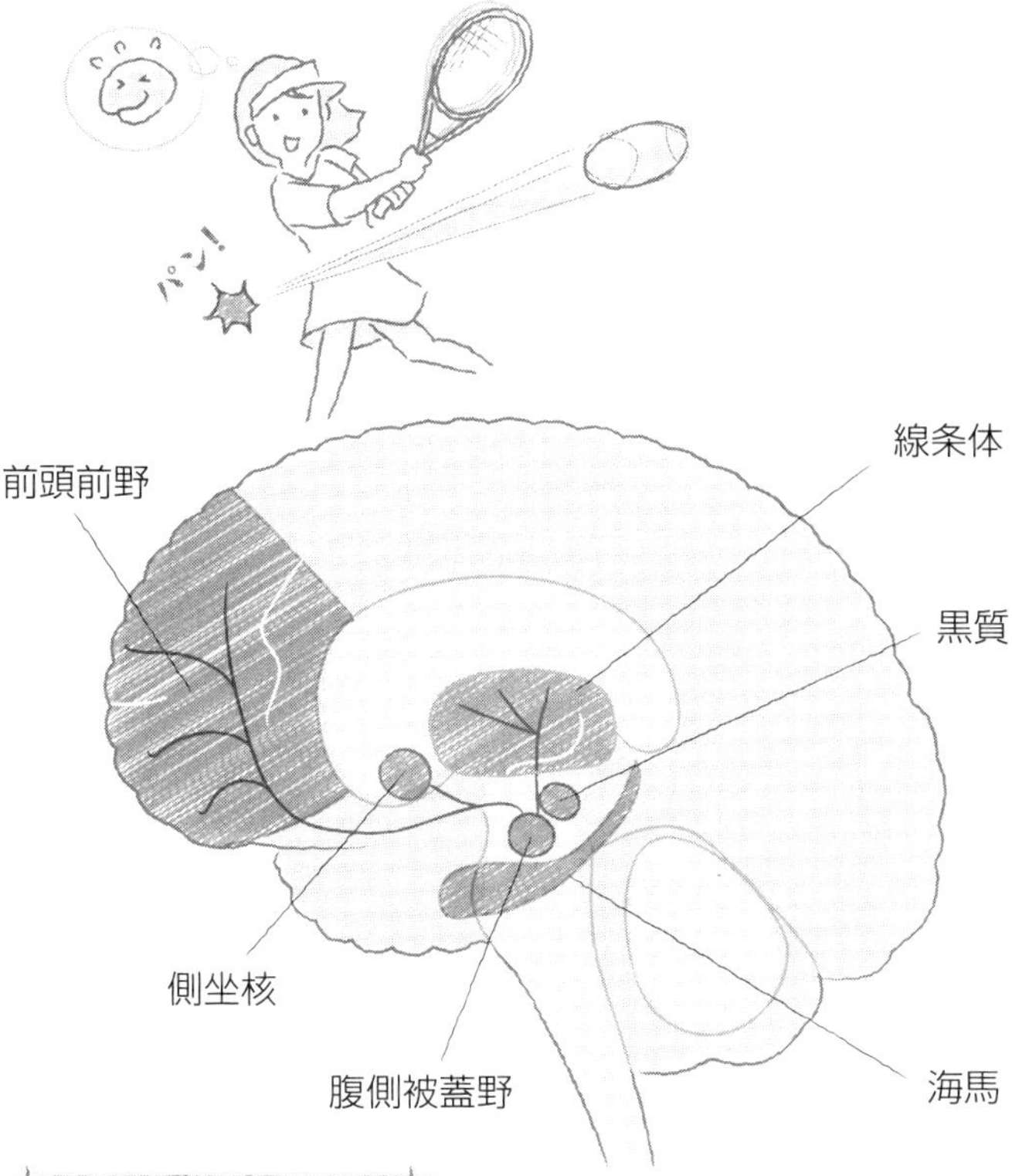

快感を得たとき、ドーパミンは分泌される

メディアであれ、お金や食べ物を手にしたときと同様の喜びを感じているのです。

しかし、すべての人が自分のことを話したいわけではありません。自分のことを話すのが苦手だったり、他人に自分をひけらかしたくないと感じる人もいます。それでも、自分に関心を持ち、受け入れてもらうことで心に安堵感や喜びが生まれるのは、人間の本能ともいえるでしょう。

本書では、こうした人間の本能を踏まえたうえで、「一瞬で相手の心をつかむための技術」について脳科学の視点から探っていきます。

人を魅了する人は、「自分が何を得られるか」ではなく、「相手に何を与えられるか」という視点に立てる人です。すなわち、「私」という視点を超え、「あなた」に焦点を当てる思考法が求められます。場合によっては、「わたし」だけでなく、「わたしたち」という思考で、自分だけでなく、相手のことを思いやる気持ちも必要です。

最初は難しく感じるかもしれませんが、これは誰でも身につけることができるスキルです。そして、それを身につけることで、仕事や人生において成功し、豊かな人間関係を築くことができるのです。

本書の第1章では、相手を魅了し、心をつかむためのドーパミンとオキシトシンの役割について詳しく解説します。続く第2章から第6章では、具体的な方法とその効果について述べていきます。本書が、人間関係への不安や悩みを抱える方々に対して、少しでも豊かなつながりを築き、幸福な生活を送る手助けとなることを願っています。

細田千尋

脳科学が教える 一瞬で心をつかむ技術

もくじ

第2章　相手の話を聞き、自分の望む方向へ導く

第3章　自分をコントロールして、相手を魅了する

第4章　笑顔とスキンシップで心をつかむ

第5章　好意をもたれる人がしていること

第6章 「心をつかむ人」は、なぜいつも前向きなのか

第1章

科学的に人を魅惑する3つの方法

人に嫌悪感を抱くとき脳はどうなっている？

人は自分でも気が付かないうちに、誰かに惹《ひ》かれたり、逆に理由ははっきりしないけれどなぜか嫌悪感を抱く瞬間があります。まずは、人に好かれるメカニズムを理解するためにも、人が人を嫌いになるメカニズムを説明したいと思います。

直感的に人を拒絶してしまうとき、脳ではどのようなことが起こっているのでしょうか。

実は、道徳的な観点から嫌悪感を抱くとき、脳の中では悪臭を感じるときと同じ脳の部位が活動していることがわかっています。[*1]

相手に嫌悪感を抱いたとき、実際にくさい臭《にお》いがするわけでも生命が脅《おびや》かされるわけでもありませんが、脳では同じ場所が活動しています。

これを明らかにしたのはスイスのジュネーブ大学の「トロッコ問題」を用いた実験です。[*2]

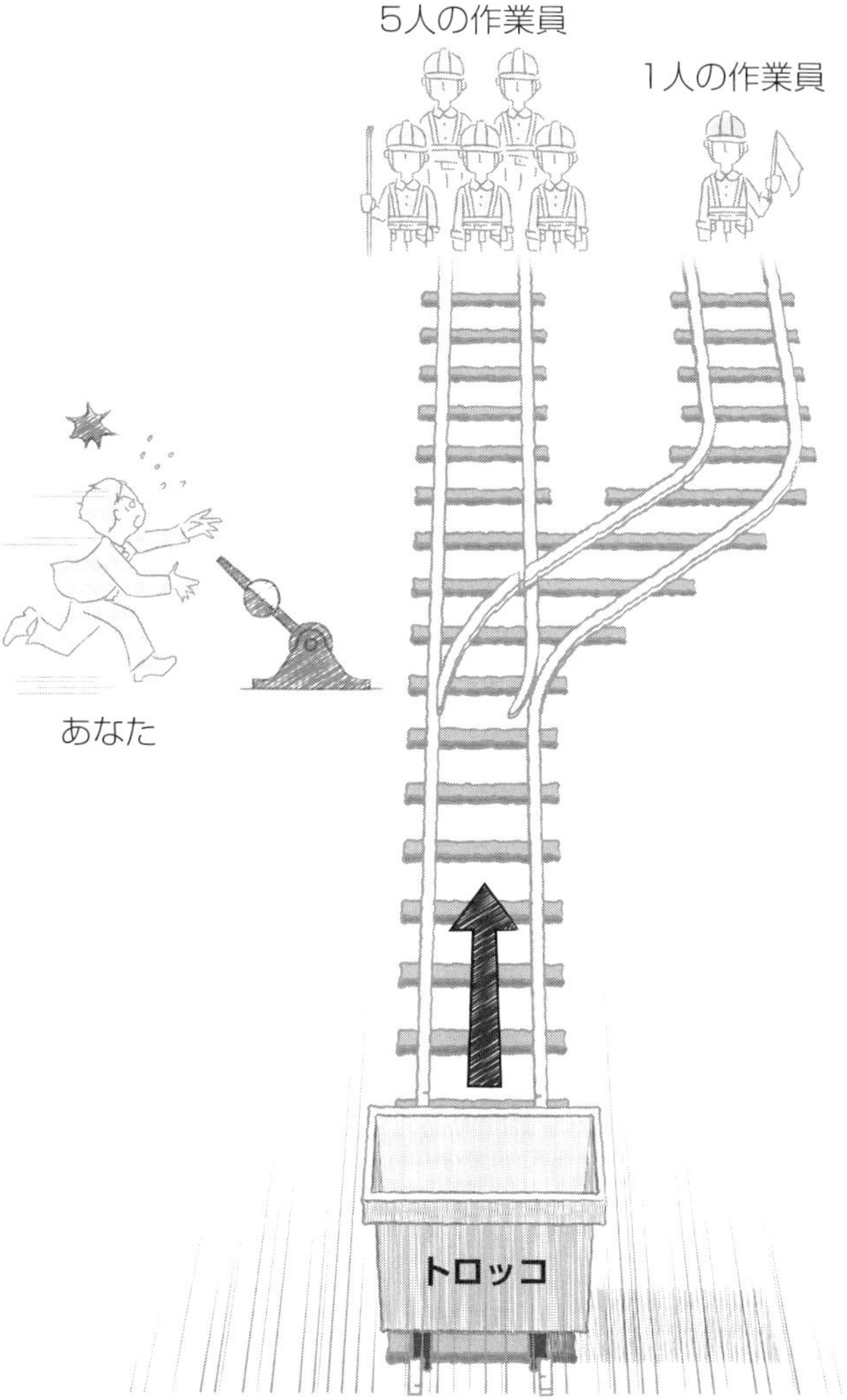
5人の作業員
1人の作業員
あなた
トロッコ

トロッコ問題とは、「ある人を助けるために他の人を犠牲にするのは許されるのか？」という形で個々人が持つ道徳観をあきらかにする思考実験です。

暴走するトロッコがあり、このまま進めば前方にいる作業員五人が轢《ひ》き殺されてしまう。このときあなたは進行方向を変えるレバーの前に立っている。レバーを引けば線路が切り替わり五人を救えるが、今度は切り替えた先にいる一人の作業員が犠牲になってしまう。あなたには道徳的な見解から、五人の作業員と一人の作業員、どちらの命を救うのかの選択が求められている、というものです。

ジュネーブ大学の実験では、苦渋の選択を迫られる「トロッコ問題」でどちらかを選択した後に脳の活動を計りました。自分が選択した事柄に対して不快感を感じた人は、悪臭を感じたときと同じ「島皮質《とうひしつ》」とよばれる部分が活動していることが明らかになりました。

島皮質は本来、不快な臭いや体験に反応して、本能的に生命の危機を避けようと活動する部位ですが、自分や他者の道徳性のなさという不快感に対しても反応します。

実験のように自分が道徳的に悪いことをしてしまったという感情は、自分の「自責の念」という不快感につながり、それがくさいときに反応したのと同じように、島皮質の活動を引き起こしたことになります。他者の道徳性のなさや社会的常識を逸脱していることに対しても、不快だと感じると「危険」と察知して、嫌悪感を生み出していると考えられます。

一方で、人が誰かに魅了されているとき、人間の脳では「ドーパミン」や「オキシトシン」が分泌されます。

両者は共に、幸せホルモンと呼ばれたりもしますが、それぞれ違った作用をもたらします。ドーパミンは快感情（楽しい、とか、美味しいなど）で興奮を伴う強い情動体験をしたときに分泌され、オキシトシンはスキンシップなどから、幸せな気分になったり、安心感を伴うときに分泌されます。

動物実験からは、オキシトシンが分泌されると、それに伴いドーパミンの分泌が促進されるケースがあることも示唆《しさ》されています。あくまで動物実験の結果ではありますが、人と人のコミュニケーションにおいても、興奮（ドーパミン）と安心感（オキシトシン）の相互作用が、相手を魅了する鍵になるかもしれません。

つまり、他者に「興奮」と「安心感」の両方を与えられる人こそが、人を魅惑することができる可能性があります。

ドーパミンとオキシトシンの分泌を刺激する①
相手の話をよく聞く

人は自分が認められることに大きな喜びを見出すことは、多くの研究が示しています。そのため、人を魅了するには、相手の「自分好き」を刺激することが効果的です。

まずは人がどれほど、「自分好き」なのかを見てみましょう。

驚くべきことに人は、人の意識には上らないくらいの短い時間、自分の顔を提示されたときでさえも、ドーパミンの分泌に関わる報酬系が活動していることがわかっています。

ドーパミンは、快感や多幸感、意欲などに関連する脳内ホルモンのひとつですが、この実験から、脳は、自分の顔を見たことを認識できないくらい短い時間でも、心地よさを感じることができるということがわかります。大勢の人と撮った集合写真を見ると、すぐに自分の姿を見つけることができたり、鏡に自分の顔が映るとつい見入ってしまうという人がいたら、それは、ドーパミンのなせるわざかもしれません。

これら自己愛の強さを示す研究には、二〇二一年にイギリスの学術雑誌で発表された大阪大学の実験があります。[*3]

実験では、二十代の女性二二人にｆＭＲＩ（磁気共鳴画像診断装置）の中に入ってもらい、見ていることを本人が認識できない〇・〇二五秒間という短時間に、自分と他の女性一〇人の顔写真を次々と表示させた場合、脳がどのように反応するのかを調べています。

その結果、自分の顔が表示されたときには、脳の中でドーパミンを放出する部位である腹側被蓋野が強く活動していました。一方、他人の顔写真を見せた場合は、恐怖などに関わる扁桃体《へんとうたい》という部位が強く反応しました。

また人は誰もが他者から認めてもらったり、愛されたがっています。そのことがよくわかる実験があります。[*4]

この実験では、良い評判を得ることが、金銭的報酬と同じ報酬回路を活性化するかどうかを調査しました。

合計一九人の被験者が、実験に参加しました。良い評判を得ると、報酬に関連する脳領域、とくに線条体が強力に活性化し、これらの領域は金銭的報酬によって活性化される領域と重なっていたのです。

社会的に評価されることとは、金銭的な報酬と同じように報酬系が働いてドーパミンが放出されることがわかったのです。

ここまでの話から見えてくることは、
・人は、自分自身に強い興味がある
・人は、他者から認めてもらうことに強い関心を持っている
・人は、自分自身が褒められたり、自分自身を見るだけでも脳の報酬系が活動する
ということです。

人は自分のことを認めて欲しいからこそ、「自分のことを知って欲しい」「話を聞いて欲しい」「受け入れて欲しい」「褒めて欲しい」と思っています。
つまり、人を魅惑し、心をつかむためには、まずは相手の話をよく聞くことで、相手の快感情と結びついている報酬系を活動させることが大切です。
さらに話を聞いているときに、相手の目を見つめ、相槌《あいづち》を打ち、うなずくことで、「きちんと話を聞いてくれている」「自分の意見や考えを受け入れてもらっている、同意してもらっている」という安心感と信頼関係が構築されます。相手の中で、安心感や愛情が強

まっていれば、オキシトシンの分泌がされているでしょう。

ドーパミンとオキシトシンの分泌を刺激する②
握手する

握手などのスキンシップをすることだけでなく、目を見つめ合っているだけでも、オキシトシンの分泌を刺激します。目が合うことやスキンシップは、通常母子の愛着形成などで、皮膚から刺激を受けて、心拍数や血圧を調整する迷走神経を経由し、脳の視床下部という部分からオキシトシンが分泌されることの効果として紹介されるものです。しかし、尊敬したり応援している相手（推し）との握手会などを考えると、ドキッとしてドーパミンの分泌が促されることも想像に難《かた》くありません。

「推し活」という言葉が社会的に認知されて久しいように感じます。脳が人の意思決定、行動を決めているわけですから、快感情を求めてそうした活動に励むのも必然といえるのかもしれません。

ドーパミンとオキシトシンの分泌を刺激する③ 相手の名前を呼ぶ

ドーパミンとオキシトシンの分泌を刺激する三つ目の方法は、相手の名前を呼ぶことです。

私たち研究者は、自分の研究で発見したことを学術雑誌に掲載してもらうために論文を英語で書いて投稿します。投稿された論文は、その学問分野の専門家であるレビューアー（査読者）が読んで、内容の査定を行います。

査定が行われると、レビューアーから私たち論文投稿者に対して、「この部分は説明が不十分だ」とか「この部分をこういうふうに修正したら掲載してもよい」などのコメント入りの論文が返ってきます。それを見て論文を修正するわけですが、そのときに「レビューアー」という言葉を多用します。

なぜなら、「あなた（レビューアー）がこう言ったからここを直した」「あなたにこう言われたから」というように、とにかく「あなたの意見や指摘」を強調してレビューアーに返信を書くと論文が通りやすくなる、ということが言われています。レビューアーは事実だけを淡々と書いてくるのですが、「あなたの指摘を尊重したやり取り」ということを強調してあげるだけで、レビューアーの批判的だった態度が変わることはありうることがわかっています。

これを相手の心をつかむテクニックとして応用します。

日本においては、同じ会社の人や営業先の人などお互いに存在は知っていても、○○課長などと役職や立場で呼ぶことはあっても名前（ファーストネーム）で呼ぶことはあまりないと思います。そこであえて話しかけるときに相手の名前を呼ぶと、呼ばれた側は自分だけがとくに強調されたり、話しかけた相手が自分のことをはっきりと認識してくれているように錯覚し、名前を呼んでくれた相手に好感を抱きやすくなります。おそらく、みなさんも同じような経験があるはずです。「ありがとう」と言われるよりも、「○○さん」と名前を入れてお礼を言われたほうが、少し嬉しく感じるのではないでしょうか。

ある化粧品会社が行った実験報告によると、ファーストネームで呼ばれることでオキシトシンが増加したというデータがあります。[*5]

普段、ファーストネームで呼ばれていない女性に対して、初対面の人がファーストネームで呼びかけたところ、オキシトシンが増加したというものです。おそらく、ファースト

ファーストネーム呼びかけ前後の唾液中オキシトシン濃度

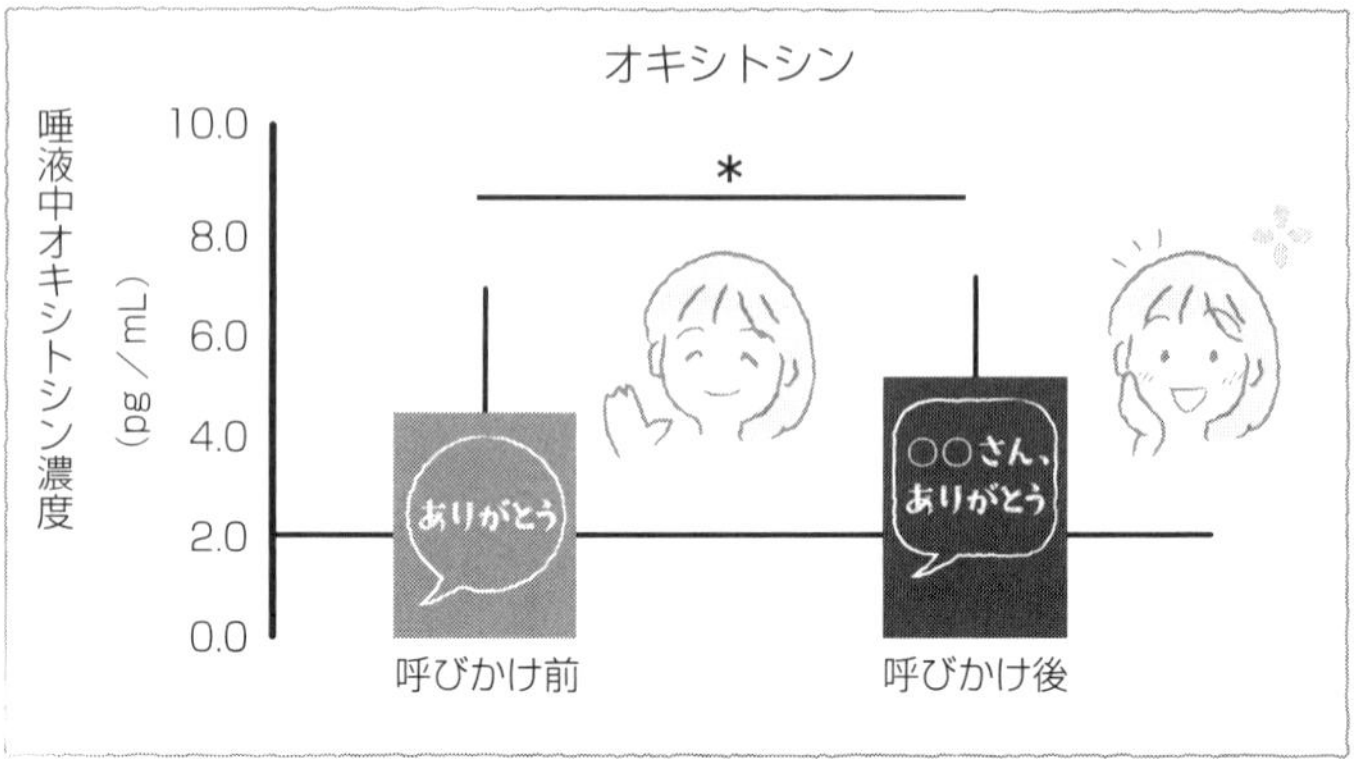

paired-t test, ＊：P<0.05

ファーストネーム呼びかけ前後の唾液中コルチゾール濃度

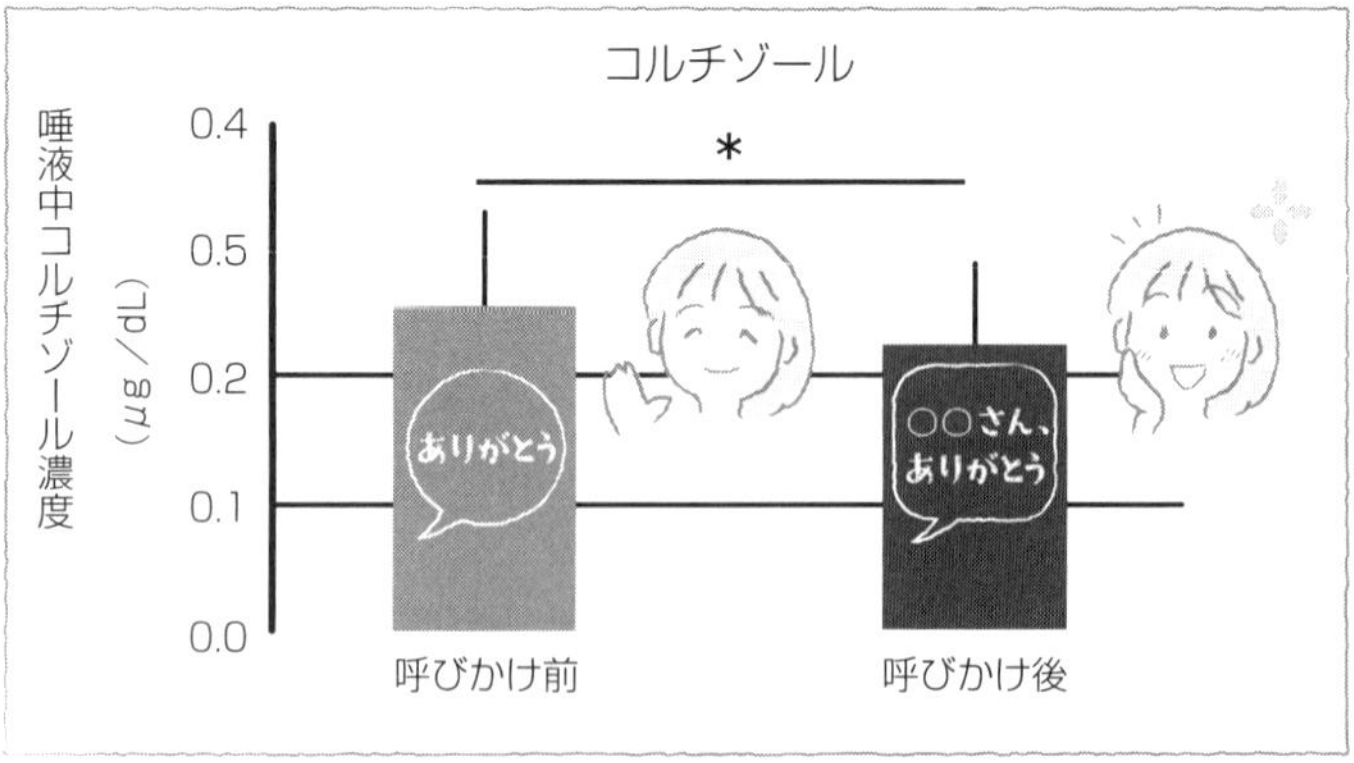

paired-t test, ＊：P<0.05

ファーストネームでの呼びかけがオキシトシンホルモンに
影響を及ぼすことを発見。
ポーラ化成工業株式会社調べ

ネームで呼ばれたことで相手に親しみを感じたのだと思われます。

また、研究によればストレスホルモンと呼ばれるコルチゾールが減少したこともわかっています。普段、お互いの名前を呼ばないからこそ、名前を呼ぶだけでオキシトシンの分泌が刺激されるのでしょう。

なぜ、人はそれほどまでに〝自分〟に興味があるのか？

ドーパミンとオキシトシンの分泌を刺激する三つの方法――「相手の話をよく聞く」「握手する」「相手の名前を呼ぶ」を紹介してきましたが、この三つに共通するのは「人は自分自身に興味があるから人に認めてもらうと嬉しい」ということです。

そもそも、なぜ人は自分自身にこれほど興味があるのでしょうか。

それは、「人は自分のことがわからないから興味を持つのではないか」と、考えられます。自分がどういう人間であるか知りたい、わからないからこそ知りたいのです。脳には、新しいことに刺激を感じるという特性があります。新しい刺激は、それが脳にとっての報酬となってドーパミンの分泌が促されます。要するに、わからない自分というものを追い求めたい、という欲求が脳の仕組みにはあるのかもしれません。

ところが、人は、自分のことを正しく客観的に判断することがとても苦手です。たとえば研究から、多くの大学教員が自分の講義は、ほかの先生より上手《うま》いと思っている、とか、大半のドライバーは自分の運転が普通よりも上手だと思っていることが示されています。

このように、自分で自分を正しく判断することが難しいためなのか、人は他者からの評価に頼り、それによって安心したり落ち込んだりしがちです。人は誰かからラベル付けをされると、そのラベルに沿って行動してしまうことも古くから研究で示されています。

また、ジェンダー・ステレオタイプについても同じことがいえます。「女らしさ」「男らしさ」という観念を元に男女の役割をラベル付けして固定的に考えることで、実際にそうなってしまうこともあります。

周囲の大人たちから「女の子は理系が苦手」と言われてしまうと、女の子たちも「私は女だから数学が苦手なんだ」と思い込むようになって実際の成績も下がる、というデータもあります。「女の子は数学が苦手」というのは科学的に証明されているわけではないのですが、周囲の人たちによるステレオタイプによってつくられた思い込みから、本来は能力があるにもかかわらず、本当にそうなってしまうことがあるのです。

「あなたは消極的だよね」と言われると、本当はそうでもないのに「自分は、気が弱くて消極的で外に向かって行動してはいけない人間なんだ」と思い込んで積極的に動けなくなってしまいかねない人もいれば、「あなたは数学の才能があるよね」と言われると、本当に数学の成績が上がることもありえます。

なぜラベル付けされると、それに沿って行動してしまうのか。それは、結局は自分というものが、あいまいなものだからなのかもしれません。

自分で自分にラベル付けする「宣言効果」

人は「周囲が付けたラベル通りに振る舞う傾向がある」一方で、「自分はこうなりたいというラベルを自分に付ける」ことで実際にそのように行動できることもあります。

これを行動心理学では「宣言効果」といいます。自分の目標を目に留まるところに書き留めたり、他者に宣言することで、その目標の達成率が上がるというものです。「自分はこういう人間になりたい、こうありたい、自分はこうなんだ」という自己宣言（＝ラベル付け）をすると、なぜ効果があるのかというと、自分にいい意味でプレッシャーがかかりモチベーションを上げることができるからです。

また、人はラベル通りに行動しようとするので、目標が達成しやすくなるともいえます。自分の内側から出てきたモチベーションのほうが、強く効果をもたらすことがわかっているので、他者から付けられたラベルより、自分で付けたラベルのほうがその通りに行動できるのかもしれません。

メジャーリーグのドジャースで活躍する大谷翔平選手は、花巻東高校入学時から「一六三キロの球を投げる」「チームで日本一になる」という目標を掲げていました。

他者によって、自分にとってしっくりこないラベルや、自分について誤ったラベルを付けられてしまったら、なりたい自分のラベルに自分自身で付け変えてしまえばいいのです。

相手の心をつかむ人は他者の意見を自分の成長に活用できる

人は自分のことがわからない、という話をしました。

わからないからこそ、他者の評価を頼りに自分を知ろうとするわけですが、そこには問題がありました。他者から「○○さんってこういう人だよね」というラベル付けされることで、それが自分が望む自分の姿ではなかったとしても、その通りに行動してしまうことでした。

それを解決するためには、なりたい自分のラベルを自分で付けてしまえば、自分の目標とする自分に近づけるという話をしました。

ただ、この「宣言効果」は自己実現のためには有効ですが、自分を知ることで人とうまくやっていくという、人を魅了する目的からは少し逸《そ》れます。

相手の気持ちを尊重し、心をつかむ人となるためには、他者の評価が必要になる場合があります。その評価が自分の認識と一致していようと、間違った評価（誤解）であると自分では思おうと、「その人からそう見えている」という事実が、自分の魅せ方の重要な参考資料になるからです。

つまり、他者の評価を利用しながら、自分とは周りからどのように見えている人間なのかを見極めるのです。

実際に自分が行動を起こすとき、まずは「自分はこう思う」「自分はこれができる」と、自分の意志と判断によって自らの行動を予測します。次に、客観的な評価ができるであろう他者（親、教師、上司、同僚、コーチなど）の意見を聞きます。最後に、その行動の結果が見える方法を試します。

具体的な例を用いて説明すると、Aさんが「自分のような努力家だったら、一カ月で五キロ減量するのは余裕だろうな」と考えてダイエットを始めます。ところがスポーツクラブのインストラクターは、「Aさんの場合、普段の生活習慣を考えると、そんなに短期間で五キロも減らすのは難しいですよ」と言います。一カ月後、Aさんが体重計に乗ると二キロ減っていました。

この場合は、Aさんが考えていた見積もりと実際が少し違っていたわけです。そこでショックを受けたり、落ち込むのではなく、何が問題だったのかを他者の意見も合わせて分析していきます。「もっとインストラクターの意見を聞くべきだった」とか「高すぎる目標設定だったな」といったように。

するとと、自分の何が問題だったのかが見えてきます。自分を高く見積もりすぎて、無茶な目標を設定してしまうところがあることや、人の意見に耳を傾ける余裕がなくなっていたことなどです。

このように、自分がどういう人間なのかが客観的にわかり、コントロールできるようになると、人を魅惑し、一瞬で相手の心をつかむ一歩を踏み出せるのです。

第2章

相手の話を聞き、自分の望む方向へ導く

相手を会話の主役にする話し方

人は自分のことを認めて欲しい、自分の話を聞いて欲しい、という欲求を持っています。少し意地悪な言い方をすると、意識しているかいないかは別として大半の人が自分の考えや行動は尊重されるべきと考えているところがあります。

そうなると、話していて気持ちがよく、魅力的な人だと思わせたい場合、自分の欲求は脇に置き、相手に集中することが必要です。人は、自分の話に一〇〇％注意を向けて聞いてくれる相手に好感を持つものだからです。第1章でドーパミンとオキシトシンの分泌を刺激する方法のひとつとして「相手の話を聞く」ことを述べましたが、本章ではさらに詳しく見ていきましょう。

残念なことに、私たちのほとんどが会話をするときに、つい自分の話に置き換えることで話を発展させ、目の前の人の話を奪いがちです。とくに自分が思い入れのあることに関しては、普段、無口な人であっても饒舌《じょうぜつ》に語ってしまうものです。

相手の欲求より、どうしても自分の欲求を優先させてしまうのが人の性《さが》なのですが、相手を魅了したいとき、会話の主役は自分ではなく相手にあります。このことを肝に銘じておかなければ、相手の心をつかむことはできません。

相手を会話の主役にするために一番大切なことは、相手に気持ちよく話をさせてあげることです。ポイントは三つあります。

一、相手の話の腰を折らない

二、相手に関心を持っていることを示す

三、話題の中心を「相手の話したいこと」に固定する

一つ目の「相手の話の腰を折らない」は、会話においては初歩的なことなのですが、これができない人が意外と多いのでポイントとして入れておきます。自分がしゃべっているときに、たびたび質問を入れられたり、別の話題を持ち出すなどして話の流れが止められてしまったら、どうでしょう。「なんだか話しにくい人だな……」と思ってしまうのではないでしょうか。それは相手にとっても同じです。相手が話しているときに、あなたが相手の話の腰を折ってばかりいれば、イラつかれてしまいます。

相手に気持ちよくしゃべってもらうには、余計な邪魔をせず、うなずいたり、感心したりしながら、ただ相手の言うことを全面的に受け入れて、あくまで相手の話を促進するための、合いの手を入れましょう。

二つ目の「相手に関心を持っていることを示す」には、顔の表情、声の表情、体全体の表情を使ってリアクションすることが大事です。笑顔で相手の話を聞き、声にも感情を乗せて「なるほど」「それは興味深いですね」と言ったり、身振り手振りを交えてリアクションすると、言葉だけのコミュニケーションよりも多くの興味や関心を相手に伝えることができます。人を魅了するプロにならない限り、頭の中で他のことを考えながら、目の前の人の話を聞くことはとても難しいです。なので、初心者は、まずは真摯に相手の話を聞くことが重要です。

ここまでは、主に相手に話してもらうことを中心にお話ししましたが、実際には相手にばかり話してもらうのは意外と難しいものです。そこで、相手を思いやる言葉をかけて共感を示すことで、相手に関心を持ってもらう方法を紹介します。[*1]

共感を示すには、相手の話を注意深く聞くことです。そうしていれば、相手の様子がわかるため「ご体調よさそうですね」、あるいは「お身体も大変そうですね」といった言葉をかけることができ、その言葉は「あなたのことを気にかけていますよ」というメッセージとして相手に伝わります。

共感を示して相手の様子から会話を始めると、三つ目の「話題の中心を『相手の話』に固定する」ことができます。

たとえばエレベータで会社の同僚と乗り合わせたとき。相手がウキウキとした嬉しそうな表情を浮かべていたら、「なんだか嬉しそうですね」と話しかけるとします。すると相手からは「そうなんです。この三カ月ずっと忙しかったのですが、ようやくそれが少し落ち着いたものだから」と返事が返ってくる。「三カ月もですか!?　それは大変でしたね」と言えば、おそらく、相手が一番伝えたい「三カ月も忙しかった」ということに対して、さりげなく共感を示すことができます。さらに相手から「ええ、最近起業したばかりで会社に泊まり込みだったんですよ」と返ってくれば、会話の主役は相手であり続けます。

この三つのポイントを押さえて会話をすれば、自分の欲求のままにしゃべることがなくなり、かつ「自分の話を聞いて、労《ねぎら》ったり認めて欲しい」という相手の欲求を満たすこともできますから、相手はいい気持ちになりあなたのことを信頼するようになります。

ページングとリーディングを活用する

前項をさらに発展させて考えてみましょう。

NLP（Neuro Linguistic Programing〈神経言語プログラミング〉）の用語でページングとリーディング*2という言葉があります。NLPは、一九七〇年初頭、カリフォルニア大学で心理学と言語学の観点から新しく体系化された人間心理とコミュニケーションの学問です。今日《こんにち》においても、ビジネス、教育など幅広い分野で活用されて高い成果をあげています。ページングは、声のトーン、ボディランゲージ、言葉遣いなど、言語的および非言語的な手がかりを相手と一致させ、信頼関係を築く方法です。心理学的には「類似性の法則」と呼ばれています。

人は、自分と似ているものに親近感をもちやすいとされています。

ページングを行うと、相手は無意識に自分との共通点を感じ、警戒心を解いて心を開いて話すことができるようになります。

ページングには次の代表的な三つの手法があります。

・バックトラッキング
・ミラーリング
・マッチング

前項の会話の例でいうと、「三カ月もですか!?　それは大変でしたね」という言葉がバックトラッキングに該当します。「それは大変でしたね」だけより、相手の言葉を繰り返し、「三カ月もですか!?」を入れることで、私はあなたの言葉を聞き流していないと伝えることができます。

非言語的なテクニックを使って、会話の相手のペースをつかみ、リードすることもできます。ミラーリングでは、相手の姿勢、動き、表情、アイコンタクトをコピーして、相手と同調していることを示します。

マッチングとは、あなたのボディランゲージを、相手のボディランゲージと似ていても同一ではないように調整して、あなたが相手と相性が良いことを示すことです。

リーディングは、ラポール、いわゆる信頼関係が構築された後に行うステップで、相手の視点や行動パターンを変化させて、望む方向に導くことです。

リーディングで大切なのは、相手が自分を重要な存在と認識し、自分の提案や意見を受け入れやすくなっている状態で行います。ラポールが構築されていないとうまくいかないため、時間をかけてペーシングを行う必要があります。

ペース配分やリードをすることは、相手を操作したり、強要したりするのではなく、相手に同調し、新しい可能性を見出す手助けをすることです。また、ペーシングやリーディングは、相手の視点に共感し、尊重することで、誤解や対立、口論を避けることができます。

アクティブリスニング七つのルール

「ペーシング」と「リーディング」について述べましたが、さらに、相手とのラポールの構築を望むなら、相手に関心を持っていることをより示す必要があります。

その手法としては、アクティブリスニング[*3]（積極的傾聴）があります。

アクティブリスニングとは、相手が話す言葉を単に聞くだけでなく、相手の話す言葉の背後にある意味と意図を積極的に理解することです。そのためには、コミュニケーションのプロセスに注意を払い、より集中して傾聴する必要があります。

アクティブリスニングのテクニックには、次のようなものがあります。

1　話し手に全神経を集中する
2　ノンバーバルな合図に注意を払う
3　アイコンタクトを心がける
4　オープンクエスチョンを心がける
5　聞いたことを反映させる
6　応答するのではなく、理解するために聞く
7　判断と助言を差し控える

コミュニケーションにおいて、アクティブリスニングは、会話の相手と前向きに関わり続けるために重要です。また、相手に自分の意見を聞いてもらえ、大切にされていると感

じさせることができます。このスキルは、職場、家庭、社交の場など、あらゆる場面で会話を成功させるための基盤となります。

7つのアクティブリスニングテクニック

「アクティブ」という言葉は、他の人の話を聞くときに何らかの行動をとっていることを意味します。これには、特定の戦略または手法の使用が含まれます。ここでは、アクティブリスニングのテクニックをそれぞれご紹介します。

1　話し手に全神経を集中する

アクティブリスニングでは、話し手に全神経を集中して、参加する必要があります。話し手に集中するということは、すべての感覚（視覚、聴覚など）を使って耳を傾けるということです。

2　ノンバーバルな合図に注意を払う

人のコミュニケーションの六五％がノンバーバル（非言語）とも言われます。これらの非言語的な合図に注意を払うことで、その人やその人が言おうとしていることについて多くのことを知ることができます。なぜなら、相手のボディランゲージや態度には、その会話がうまくいっているかどうかが現れるからです。相手が後ろにもたれていたり、胸の前で腕を組んでいたり、唇をきつく結んでいたら、会話がうまくいっていないことになります。人は見たくないこと、聞きたくないことから、距離を置こうとするからです。

他にも、早口で話す場合は、緊張や不安のサインかもしれません。ゆっくり話す場合は、疲れていたり、慎重に言葉を選ぼうとしていたりします。

携帯電話や腕時計をちらちら見たり、ドアの方向に向かって足先や身体が向いているときは、そろそろ帰りたいと思っていたり、話を聞いていないときのシグナルになります。このようなシグナルを感じたら、相手はあなたの話に関心を持っていないとみるべきで、話題を変えるか切り上げるかしたほうがいいでしょう。

3　アイコンタクトを心がける

アクティブリスニングを行うときは、アイコンタクトをとることがとくに重要です。これは、あなたがその場にいて、相手の言うことを聞いていることを相手に伝えます。また、周りのことに気を取られていないことも示しています。

また、アイコンタクトで大切なのは、どのタイミングで視線を送るかです。

まずは、相手が話し始めたタイミングでアイコンタクトをしたら、その後は視線を外して聞いていていてもいいでしょう。

ただし、「ここは伝えたい」「ここは聞いて欲しい」と相手が力を入れて話していると感じたら、視線を上げてアイコンタクトを送りましょう。

相手の話を聞く際に、視線は動かし過ぎてはいけません。視線がキョロキョロ動くと、落ち着きがない、話をちゃんと聞いていない、話が信用できない、と思われてしまうためです。

4　オープンクエスチョンを心がける

「はい」と「いいえ」でしか返答できないクローズドクエスチョンをすると、多くの場合、行き止まりの答えが返ってきます。これは、アクティブリスニング中に会話の流れを妨《さまた》げるため、役に立ちません。

代わりに、オープンクエスチョンをして、会話と相手に興味を持っていることを示します。アクティブリスニング時に使用できるオープンクエスチョンの例には、次のようなものがあります。

その点について、もう少し詳しく教えていただけますか？
それについてどう思いましたか？
今後、どのような道が最善だと思いますか？
どのような違った対応ができたと思いますか？

オープンクエスチョンの鍵は、相手に対する好奇心の枠組みを持つことです。それは、相手が大切にされていると感じさせ、相手をよりよく理解することを可能にします。

5　聞いたことを反映させる

相手が話し終えたら、聞いたことを伝えます。このアクティブリスニングのテクニックは、相手の考え、アイデア、感情を正確に捉えることを保証します。また、相手は自分の考えが認められ、理解されていると感じますし、誤解を最小限に抑えるのにも役立ちます。

聞いたことを反映させるひとつの方法は、言い換えることです。たとえば、相手が攻撃的なことを言っていても、「とても大変な状況でフラストレーションが溜まってしまいますね」と言い換えることができます。

6　応答するのではなく、理解するために聞く

相手に気持ちよく話してもらうために、忍耐力は重要なアクティブリスニングテクニックです。また、考えていることを言葉にする時間を相手に与えます。

忍耐強くあるということは、沈黙の時間を自分の考えや物語で埋めようとしないことです。また、応答するのではなく、理解するために聞くことも必要です。つまり、相手がまだ考えたり話したりしているときに、言葉を差しはさまないことが大切です。

7　判断と助言を差し控える

中立的で偏見のない回答をすることで、相手は自分の考えを安心して共有することができます。そうすることで、恥をかかされたり、批判されたり、非難されたり、否定的に受け取られたりすることがないという気持ちを得られます。

では、これらのアクティブリスニングはどのようにすれば身につけられるのでしょうか？

まず、自分の好奇心を育てましょう。何かについて好奇心が強ければ強いほど、もっと知りたいと相手に関心を持つようになります。

自分の興味のある話題の引き出しをたくさん持っていれば、さまざまな人と、共通の興味のあるトピックスを見つけることができます。これは、お互いを知るにつれて雑談をするときにとくに効果的です。二人ともそのトピックスに情熱を持っていると、会話に集中することが容易になります。

「ナレーション」で相手の感触を窺う

初対面かそれに近い相手と会話をしたとき、すぐ会話が途切れたり、会話が盛り上がらなかったりした経験は誰にでもあるのではないでしょうか。このような局面においても、心をつかむ技術を使えばどんな相手とでも、会話が続いて好感を持ってもらうことができます。

相手との関係は、会話をする前からすでに始まっています。というのは、究極に相手の心をつかむのがうまい人は、会話をしないで相手を察知していくものだからです。一瞬で人の心をつかむ達人といえば、高級クラブのホステスさんがいい例でしょう。

彼女たちは、相手の発する言葉を、繰り返して会話をすることに加えて、日常的に初対面の人と会話をしていますが、相手の服装や持ち物をよく観察して、相手の職業や興味、趣味を探ったうえで会話に入るそうです。高級時計をしているお客さんが相手ならば、「珍しい時計をしていますね。見たことがないです」というところから会話に入っていきます。

こうした、主観を入れずに、ただ事実を言葉にして説明するテクニックを「ナレーション」と呼びます。ＴＶドラマや報道番組などにナレーションが欠かせないことはみなさんご存じでしょう。あらゆる場面で「ナレーション」は行われています。コミュニケーションの場においても、相手の行動、状況を言葉にして「ナレーション」してみましょう。ナレーションに対して相手の反応が悪ければ、その話題は早々に切り上げればいいのです。

人を褒めるのは意外と難しいものです。付き合いが浅く、相手の長所や短所をよく把握していないときに「○○がお上手ですね」と褒めたとき、それが的を射ていないとします。人は自分の長所や短所をよく自覚していますから、褒められたことが不得手なことと自覚していれば、「なぜ、この人はこんな見え透いたお世辞を言ってくるのだろう」と不愉快に感じます。付き合いが浅い相手をやたらに褒めると、「自分の利益のためにお世辞を言っている」と思われてしまう可能性がありますから逆効果なのです。

これを回避するには、相手に「自分自身を褒めさせる機会を与える」ことが有効です。[*4]

たとえば、「私」と取引先の「Ａさん」が次のような会話をすれば相手が自然に自画自賛し、いい気分になってくれます。

私：「前年から売上も利益率も二〇％アップしていますね（事実を具体的に）。この数字をやり遂げるには、リーダーシップを発揮してメンバーをまとめる力がないと難しいんでしょうね」

Aさん：「そうですね、数字を達成できたことで、自分自身も成長できたように感じます」

自分自身を褒めさせるには、相手の個性や成し遂げたことを把握して、自分を褒める機会を与えることです。この会話では「前年から売上も利益率も二〇%アップしていますね。リーダーシップを発揮してメンバーをまとめる力がないと難しいんでしょうね」というフレーズがナレーションに当たります。前年からの利益率のアップも、それを成し遂げることにリーダーシップが必要なことも、「事実」をナレーション（説明）しただけで、そこには、主観が入っていないことがポイントです。ここでは、「Aさんはリーダーシップがあって、メンバーをまとめる力がある」と、Aさんの長所を指摘しないことが重要です。実際のAさんの仕事ぶりも知らないのに、そんなことを言えば上っ面だけのお世辞と受け取られかねませんし、長所として褒めた途端に、それは事実ではなく主観の要素を含みます。

ところが、自分で自分を褒める機会を与えれば、Aさんは自分の仕事ぶりを振り返って、自分の長所を認めることになるのでお世辞にはなりません。また、「私」の指摘がAさんの自己評価と違っていたとしても、「私」が言ったことは客観的な事実なので、Aさんは不快感を感じないし、うまく受け取ってくれれば自分でも気づかなかった長所を「私」によって発見できたことに喜びを感じてくれるはずです。

「情動を動かさない質問」で相手の価値観を知る

「価値観が似ている」と思わせる状況を意図的につくってあげると、相手に対する好感度が上がる可能性があります。

たとえば、あなたが誰かと映画を観に行ったとします。映画が終わった後、「この部分はこうだと思った。こう感じた」とあなたが発言したときに、相手も「私もそう思った！」となると、「一緒だね」となって盛り上がります。「一緒だね」と思うことが何度か重なると価値観が似ていると感じるようになるので、当然あなたへの好感度は上がります。

心をつかむ人は、相手の価値観を察知して、意図的に価値観が同じだと思わせるように持っていくことができます。

相手の価値観を知るには、相手の服装や持ち物を観察したり、会話を通して類推することから探っていきますが、観察からさまざまな価値観を知ることはなかなか難しいため、主に会話を通して察知していきます。

心理学の研究によると、「相手の情動を動かさない質問」というものがあることがわかっています。

情動とは感情の動きのことをいいますが、相手に何か質問をするときに、相手の感情を害さずに情報を引き出すときに使います。要は、相手の感情を動かさない当たり障《さわ》りのない質問ということです。まさに前項のナレーションです。

当たり障りがないといっても、天気の話はあまりお勧めできません。「今日は、寒いですね」という話からは、相手の情報がまったくないという前提の場合は、相手の情報を引き出すのが難しいからです。

カリフォルニア大学がつくった「相手の情動を動かさない質問」を紹介します。

「今住んでいる場所で、もっとも気に入っている場所はどこですか？」

「今住んでいる場所から引っ越さなければならないとしたら、どこに住みたいですか？」

「これまでにもらった中で一番嬉しかったプレゼントは何ですか？」

「好きな食事のメニューは何ですか？」

「最近、行った飲食店で一番良かったお店はどこですか？」

「飼っている（飼っていた）ペットはいますか？」

「誕生日には何をもらいましたか？」

「一番好きなスポーツは何でしたか？」

「早寝早起きはしますか？」

「早寝早起きをすると、どんないいことがありますか？」

「最近、何か面白いことはありましたか？」


いかがでしょうか。

少し日本人には馴染みのないことも含まれているのですが、ここに挙げたものは比較的日本人でも当たり障りがなく、相手の感情に波風を立てずに、情報を引き出せるものになっているのではないでしょうか。

「今住んでいる場所で、もっとも気に入っている場所はどこですか？」という質問は、相手にその場所を連想させますから、一言で終わってしまうことはほとんどないでしょう。その質問から、おそらく相手は「なぜ、その場所が好きなのか」という理由も教えてくれるはずです。その答えには、相手の価値観に触れるようなことが含まれているでしょう。

情動を動かさない質問を重ねることで、相手から情報を引き出し、そこから相手の価値観を類推していけば、「価値観が似ている」と相手に思わせる状況に持っていくことができます。

相手の価値観がわかって、その価値観が自分と合えば問題ないのですが、相手の価値観と自分の価値観があまりにも違っていて「この人とは合わないなぁ」と思ったらどうすればいいでしょうか。

結論から先にいうと、「自分が許容できる範囲で相手の価値観に合わせて話をすればいい」のです。いくら相手の心をつかみたいからといっても、自分の価値観とあまりにもかけ離れた会話をしてしまうと、会話自体がストレスになってしまいます。また、価値観の合わない相手に共感する必要はありません。自分が許容できる範囲で、相手の価値観に合わせて会話ができればいいのです。

たとえば、「占いの話をしている人は嫌い」という価値観を持った人がいるとします。その相手を魅了したいと思ったら、あなたが占い好きだったとしても、「そういう科学的に根拠の乏しい話を信じるのって難しいですよね」というようなことを言えれば、「あぁ、この人は自分と価値観が近いなあ」と思ってもらえるため、相手のあなたへの好感度が高まる可能性があります。

質問を繰り返すことで、相手の興味や関心を探り当てる

相手の服装や持ち物を観察して、ナレーションして褒めるテクニックは、誰にでも使えるテクニックです。また、相手を観察して、特徴的な箇所に目をつけて話題を広げてもよいでしょう。

顔見知り程度の先生と仕事で初めてお話をするときに、その先生がクラシックカーで通勤しているのを見かけていたので、「先生、クラッシクカーに乗られているのをお見かけしました」と話しかけました。クラシックカーに乗っている人は珍しいですから、そこを話題にすると相手も会話に乗ってきてくれます。相手から受け取った名刺をネタにしても

いいと思います。名刺に書いてある名前が珍しい苗字だったり、さりげなく素敵な紙やデザインの名刺だったら、「珍しい苗字ですね。どちらのご出身なのですか？」「珍しい素敵な名刺ですね」などと聞けば、話を広げていくことも可能です。

相手の観察が終わったら、いよいよ会話に入っていきます。相手の心をつかむための会話の目的は、相手の興味や関心を探り当てることにあります。ただ、初対面かそれに近い相手にいきなり「どんなことに関心があるんですか？」「どんなことをしているときが一番楽しいですか？」と不躾《ぶしつけ》に聞いてしまうと、相手を驚かせてしまいますから、最初は当たり障りのない一言から始めます。

そのようなときは、相手が少しでも興味や関心が向く話題に持っていきます。初対面であっても、相手の情報がまったくないということはありません。仕事で会う相手だったら、名刺がもらえ、相手の会社がどんなことをやっているかも把握できます。趣味のイベントで会う相手ならば、共通の趣味の話があります。ビジネスなどで会う相手が決まっていたら、相手のビジネスの特徴や最近の状況、可能ならば、どんな人で何が好きなのか、などは事前に調査しておくことをお勧めします。

「今日は、すいぶん暑いですね」と切り出して「そうですね」と返されても、相手の会社がSDGsに力を入れていることがわかっていれば「最近は、気候変動が激しいですよね。そういえば、御社はSDGsに取り組んでいるようですが、(公表されている資料をもとに)○○の素晴らしい取り組みはその後も順調に進んでいらっしゃいますか?」と話題を振ればそこから話が広がっていきます。趣味のランニングイベントに参加していたら、「今年の夏は暑いから、どうされているのですか?」と話しかければ相手も同じ趣味なので話に乗ってきてくれます。一見、当たり障りのない「天気」の話ですが、それをきっかけにして何通りにも話題はつくれますし、そこから相手の興味や関心を探ることは可能なのです。

私たち研究者の場合は、初めてお会いする先生でも相手の方の専門分野がわかっているため、その分野について事前に調べておくことができますし、その先生が書かれた本や論文があれば事前に目を通しておくことも可能ですから、相手の興味や関心を知ることは他の業界と比べると比較的安易かもしれません。

相手が本や論文を出していなくても、X(旧ツイッター)やフェイスブック、インスタグラムなどのSNSを公開していれば、事前に相手の情報を知ることができるため、相手の興味や関心がどこにあるのかがつかみやすくなります。

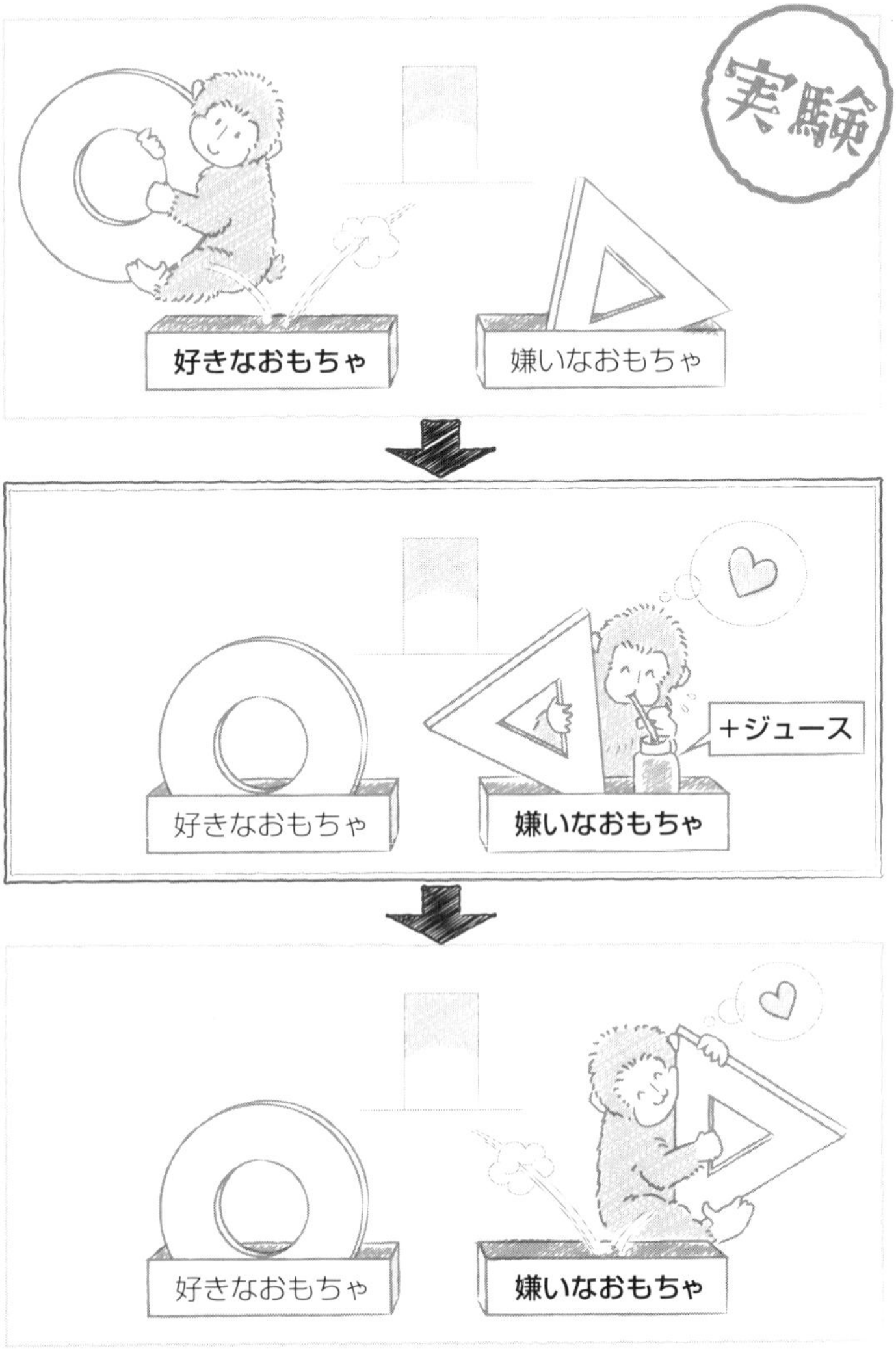
実験
好きなおもちゃ
嫌いなおもちゃ
+ジュース
好きなおもちゃ
嫌いなおもちゃ
好きなおもちゃ
嫌いなおもちゃ

サルで行った面白い実験があります。[*5]
サルに好きなおもちゃと、あまり好きではないおもちゃを見せてどちらを選ぶかという実験を行いました。いつもは好きなおもちゃのほうを選びますが、あまり好きではないおもちゃと一緒にジュースを与えると、そちらのほうを選びました。次にジュースを与えずにどちらか選ばせたところ、あまり好きではないほうのおもちゃを選んだといいます。サルは人間に近いため、この結果は人に対しても当てはまります。
この実験から、自分があまり好きではないものと、美味しいものが一緒にくると、好きではなかったものも好きになってしまうことがわかりました。それくらい、好きという感覚はあいまいなものであるため、相手が好きなものを事前にリサーチしたうえで手土産などを持っていくと好感度が高まり、商談などもうまく進む可能性があります。

相手に語ってほしければ自分から〝自己開示〟する

なんとなく会話が弾まない、壁を感じる。あなたがそう感じているとき、相手も同じことを感じています。人は心に壁を感じている相手に対しては、表面的な受け答えに終始するものだからです。好きの両思いは難しいのに、嫌いについては、大抵両思いです。

人を魅了したければ、相手からプライベートな情報を引き出せるようにならなければなりません。相手に語って欲しければ、まずは自分から〝自己開示〟することが必要です。

人は他者から何かをもらったり、何かをしてもらった場合、「お返しをしなければならない」という感情を抱きます。こうした心理を「返報性《へんぽう》の法則」といいます。身近な例でいえば、スーパーマーケットでの試食がこれに当たります。店員から勧められて試食をすると、「食べさせてもらったのだから、買わないと失礼かな」という気持ちにさせられますよね。無償で商品を提供されることによって、返報性の法則が働き、お返しをしなければ（商品を買わなければ）という心理が働くというわけです。

返報性の法則は、自己開示においても活用できそうです。あなたが自分のプライベートなことを語れば、相手もそのお返しとしてそれと同程度のプライベートな情報を話そうという気になります。このようにして、お互いに自己開示していくと自ずと関係性は深まっていきます。

自己開示をする人のほうが、しない人よりも魅力的に感じるというデータがあります。

カリフォルニア大学の研究者が行った調査[*6]によれば、自分の胸の内を話すことで、相手の共感力が高まり、好感度を上げることができたといいます。

確かに、自分の考えや素直な思いを話す人、自分の弱みを見せることができる人、自分自身に関するプライベートな事柄を話す人に対しては親近感を覚え、自分のことも話したくなるものです。

実際に自己開示をする場合は、相手との現在の関係性を見極めたうえで、その関係性にふさわしい話題を選ぶようにしましょう。知り合ってから日が浅いのに、あまりにプライベートな話（たとえば、性の話や家族との不仲など）や政治や宗教に関する自分の信念などの話をすると、軽率な人だと思われて好感度も下がります。相手に自己開示を求める場合も同じで、あまり親しい間柄ではないのにあれこれとプライベートな質問をされると嫌がられてしまいます。

本当のプライベートのことに触れなくても、自分の考え方、価値観を開示すれば良いのです。本や映画、趣味に関連することなどで、自分がどんな価値を持つものが好きで、大事なのか、どんな価値観が苦手なのか。テーマは、軽い趣味などであっても、そこにまつわる自分の価値観の開示は、プライベートな部分となります。最初は出身地や趣味の話など比較的軽い話をして相手の様子を窺《うかが》います。相手も同じように自己開示してくれるようになったら、共感や尊敬を持って受け入れてもらえそうな軽いテーマの失敗談、自分の価値観を話していくといいでしょう。

自己開示とは相互に行っていくものです。相手があまり自己開示しないのに、自分ばかり話していては、二人の関係は進展しません。お互いにとって心地いいペースで自己開示するように心がけてください。

一瞬で相手の心をつかむ人は「前頭葉がうまく機能している人」

一瞬で相手の心をつかむ人を脳科学的に定義すると、「前頭葉がうまく機能している人」だと考えています。

前頭葉は大脳の前部分にあって意思決定や遂行機能などや、社会性に関する機能を司《つかさど》っています。前頭葉は脳の司令塔と呼ばれています。前頭葉は脳の中では一番成長が遅く、十代にかけてゆるやかに成長し続けるといわれています。

この前頭葉がうまく機能する人とは、自分の感情をコントロールすることがうまく、他者の行動や考えを推しはかり適切に動くことができる人です。

ただ誤解して欲しくないのは、人を魅了する会話とは、「相手の言いなりになる」のとは違うということです。相手の要求に応えて、何でもかんでもしてあげたとしても、人は魅了できません。

人は自分の要求が一〇〇％通るとなると、相手を軽んじるようになりますから、当然、あなたの虜《とりこ》になってくれることはありません。相手にとってあなたは、ただの都合のいい人で終わってしまいます。

人を魅了することは、相手の奴隷になることではありません。かといって、自分の利益ばかりを優先させるのでも、相手の利益のために自分が犠牲になることでもありません。

人を魅了するのに必要なのは、相手のメリットと自分のメリットのバランスが取れるような対等な関係をつくることなのです。その上で、相手を気持ちよくさせるというオプションをつけてあげることで、お互いにとってウィンウィンな関係になろうというものです。

お互いにメリットを得ようとする関係ですから、その関係性においては自分を主張する必要はありません。というよりも、自分を主張しすぎると人間関係は崩壊します。

「今の生活は寂しいから、自分の周りに人が集まってきて欲しい」「自分が面白いと思っていることをみんなと分かち合いたい」。どちらの要求も一見すると、それほど害になるものには思えませんが、自分がどうしたいかばかりを追い求めている人の周りに近寄ってくる人はいません。

それよりも、「この人と一緒にいると楽しい、心地いい」と思ってもらえるような人を目指しましょう。自分の周りに誰かがやってきたときに、「どうしたら相手が心地いいと思う環境をつくることができるのか」「この人は自分に何を求めているのだろう」という視点から物事を考えるのです。自分の満足のためにしゃべるのではなく、相手の視点で会話していくのです。

相手が先日ハワイに行ってきたという話をしたとしましょう。そのときに、「ハワイですか。ハワイは私も去年行きましたよ。それでね……」と相手の話を奪うのではなく、「あぁ、ハワイですか、いいですね。どうでした?」と言って、相手がしゃべりたいことをしゃべらせてあげる。

そのときに心をつかむ技術を使って、相手の名前を呼んだり、相槌を打ったり、うなずいたりすることで、「あなたの話をちゃんと聞いていますよ」ということを伝える。すると、相手の脳の中からドーパミンやオキシトシンが出て、相手は気持ちよくしゃべることができるというわけです。

このように、会話の中で相手があなたに望んでいることは、そんなに大したものではないことがわかるでしょう。相手が話を聞いて欲しいと思っているなら、きちんと耳を傾ける。承認されたいと思っているなら、褒めてあげる、共感してあげる。それだけで、人間関係は今よりもずっとよくなるのです。

第3章

自分をコントロールして、相手を魅了する

コミュニケーションにおける「沈黙」の威力

コミュニケーションにおいて、簡単そうに見えて実はなかなか難しいのが「黙ること」ではないでしょうか。

自分が口火を切って話したことがよくない結果をもたらすのは、怒っている相手への対応だけに留まりません。

黙って話を聞くことは、プライベートでももちろん有効です。というよりも、プライベートこそ必要かもしれません。いざ仕事となれば、黙っていることで自分の評価が上がるなら、そうしようという自制心も働きます。しかし、プライベートとなると無意識に相手の話を遮《さえぎ》ったり、自分の話ばかりしたり、最後まで相手の話を聞かなかったりすることが多いのではないでしょうか。

相手の話を遮ったり、自分の話ばかりするといった態度は、相手に「私の意見や考えを聞いてくれていない、受け入れてくれていない」と思わせ「自分は相手の興味の対象ではないのではないか」と感じさせます。

私たちは、とくにプライベートではあまり意識せずにコミュニケーションを取っています。誰かがしゃべっていた内容が「ちょっと違うな」と感じれば、相手の話を遮ってまで自分の意見を言ってしまうし、あっという間に相手の話を乗っ取って、関連した自分の話にしてしまったり、忙しければ最後まで相手の話を聞かない場合もあります。

私たちは自分のしゃべりたい欲求、言い換えるなら「自分を承認して欲しいという欲求」に抗《あらが》うことがなかなかできないのです。

ほぼ無意識でやってしまう自分語りをやめるには、積極的に沈黙することを覚えましょう。〝黙っている〟行為とはとても受け身な反応に思えますが、意識的に「ここは自分のしゃべる番じゃない」と思って黙ることができれば、それは主体的な行動といえます。

相手の話を聞くべき場面で、主体的に黙ることができる人は、相手からは好かれます。その理由は、これまで繰り返し述べてきました。相手の自分語りを聞いてあげることができれば、相手は承認されたと感じて、相手の脳の中から報酬系物質を分泌させることができるからです。

相手の「承認欲求」を満たす話し方

相手の話を黙って聞くことができたら、次はより能動的に相手を受け入れるために、相手の承認欲求を満たしてあげる技術をお伝えします。

人は自分のことが大好きだからこそ、「自分のことを知って欲しい」「話を聞いて欲しい」「受け入れて欲しい」「褒めて欲しい」といった「他者から認められたい」という承認欲求を持っています。この承認欲求を刺激してあげると、相手からの信頼感は格段に上がります。

相手を承認する方法は、大きく分けると次の五つに分類することができます。

・存在承認　相手の存在そのものを認める
・感情承認　相手の気持ちをありのまま認める
・行動承認　プロセスや努力を認める
・結果承認　結果や成果を認める

・意見承認　物事に対する意見や考え方を認める

それでは、ひとつずつ説明していきます。

・存在承認

存在承認は、相手を承認する方法としては一番基本的な承認です。相手がそこにいることそのものを認めるものだからです。ただ、以外とこれが難しく、世の中の対立を生む原因でもあります。たとえば、子どものいる会社員といない会社員の対立などは、お互いの立場をお互いが認め合えていない可能性があります。

「私はあなたの存在に感謝していますよ」というメッセージを送るには、今やっている作業の手を一旦止めて相手をしっかりと見た上で会釈したり、声をかけるときに名前を呼んだり、相手のちょっとした変化への声がけなどが有効です。

たとえば、こんな感じで声をかけてみましょう。

「○○さん、お疲れさま。仕事はどんな感じですか？」

「なんだか、疲れているように見えるけど体調のほうは大丈夫？」

とくに仕事に行き詰まって自信をなくしていたり、キャリアの浅いメンバーに対して存在承認を行うと、「私はここにいていいんだ」という安心感を与えてあげることができます。

・感情承認

感情を承認するとは、相手の気持ちを良い悪いで判断せずに、そのままナレーションをして、認めてあげることです。

たとえば、こんなふうに会話ができるといいでしょう。

相手：「毎日、営業に出ても契約がなかなか取れなくてつらいです」

私：「営業つらく感じていたんだね」

ここで「営業に来たばかりでつらいなんて、言ってちゃだめだよ。もっと頑張ろうよ」という言葉は、励ましているように見えて実は相手の感情を否定してしまっています。まして やここで、自分の体験を話し、相手の話の主導権を奪うことなどもってのほかです。

そうではなく、相手の言った感情の部分の言葉を繰り返すことで、相手の思いを受け止めて共感を示してあげましょう。共感を示された人は、共感してくれた相手に心を許すものです。

・行動承認

これは相手が行った行動そのものを承認することです。行動といっても、結果や成果のことではありません。普段行っている行動や、成果に向けての作業中など、プロセスの段階のときに、相手の行動や努力そのものを認めてあげるのです。

普段行っている行動を認める言葉としては、次のような例が挙げられます。

「新しいプロジェクトに取り組むとき、Ａさんはいつも事前にしっかりとリサーチしてくれてますよね。あの準備力はさすがです」

「Ｂさん、いつも会議のとき皆の意見をまとめてくれますよね」

このときに、Ａさんに「たくさん準備をしていて偉いよね」と言ってはいけません。行動承認とは、あくまで行動そのものを認めるものであって、行動の評価を下すものではないからです。ここで評価を下してしまうと、Ａさんの業績がそれほど優れていなかった場合は、嫌味に聞こえてしまいますし、Ａさんの成績がトップだったとしても、他者から自分の行動を評価されるのはあまり気持ちのいいものではありませんから控えましょう。

私たちは常に普段やっていることを誰かに認めて欲しいと思っています。ところが、Bさんのように普段やっているからこそ、当たり前だとみなされて、その行動に対して認めてくれる人は少ないのです。だからこそ、あなたがBさんの行動を承認すれば、Bさんのあなたへの好感度はかなり上がるのではないでしょうか。

・結果承認

結果承認とは、相手の行動の結果や成果を認めることをいいます。「目標達成への承認」や「プロジェクト成功への承認」などが挙げられます。本人の努力やプロセスを見ていなくても、数値や結果だけを把握していれば承認できる一方で、結果や成果が出たタイミングで結果を出せた人にしかできないため、使えるタイミングと人を選ぶ承認ともいえます。

結果承認は、次のようにします。

「先月に比べて新規顧客への訪問件数が二〇％アップしているね」

ダメな回答：「新規顧客への訪問件数が二〇％もアップしてすごいね！」

「競合会社のリサーチが終わったから、次の段階に進めるね」

ダメな回答：「やっと、次の段階に進めるね」

ダメな回答のポイントはなんだかわかりますか？　評価をしてしまうことです。ここでもただひたすら事実をナレーションして、認めることが大事です。繰り返しますが、ただ褒めることと、事実をナレーションして認めることは違う、ということをはっきり意識しましょう。

・意見承認

これは相手の意見に対して賛同や同意ができないときに、相手の意見を否定せずに承認する方法です。相手の意見にどうも納得できない、しっくりこない、といったときに「そうかなあ。私はこう思うけど」「いや。それは違うんじゃないの」「そうじゃなくてさ」と、つい相手を否定する言葉を使ってしまいがちですが、否定すれば相手との良好な関係は望めなくなります。

また、とくにビジネスに関する意思決定の場においては、提案された意見をすべて受け入れていたら会社はつぶれてしまいます。つぶれなかったとしても、提案された意見をすべて肯定していたら、議論にもならないため、どうしても「その考えはいいですね」とは言えないところです。そういったときに、相手の言ったことそのものを「受け取る」という意見承認ができれば、相手の意見を否定せずに話が進められます。

たとえば、部下が会社の方針に異議があって次のように発言したとします。

「うちの会社が推奨している社員の年休休暇取得率を上げる方針がどうも納得できないんですよね。だって、そんなことしたら人手不足で会社が回っていかないと思うんですよ」

この意見に賛成するわけにはいかないため、「そうは言っても会社の方針だからさ。納得できなくも従ってくれよ」と言ってしまうと部下の信頼を失い、部下は上司に対して意見してくれることはなくなるでしょう。

ではどうするのか。「○○さんは、そんなことを考えているんだね」と言えば、相手の意見に賛同しないで相手の意見を承認したことになります。この意見承認は、「あなたの意見は確かに受け取りましたよ」というメッセージとして相手に伝わります。社員が自由に意見を言える環境こそが、心理的安全性[*1]の高い組織といえます。

意見承認を表現する言葉は他にもあります。

「そういう考え方もあるんですね」「それは新しい考え方ですね」「○○ということを言ってくれたんだね」「○○ということがあったんだね」

相手の意見を否定しそうになったときに、これらのフレーズを使いまわしていけば、相手は否定されたとは感じませんから、人間関係が円滑に運ぶようになります。

大切なのは「承認」は「褒める」とは違うこと。褒めるのはなかなか難しくても、相手の行動をそのまま承認すること、つまり、事実だけを言葉にするナレーションは誰でもできそうですよね。

そしてこれらは、心理的安全性といわれるものです。

心理的安全性は、パフォーマンスを実現する上で重要な役割を果たします。心理的安全性は、発言したり、アイデアを共有したり、質問をしたりしやすい環境をつくることで、個人やチームが物事を成し遂げるのに役立ちます。

自分の「承認要求」をコントロールする

相手の承認欲求を満たすための大前提としては、まずは自分の承認欲求をコントロールできていなければなりません。人を魅了する側が「自分のことを認めて欲しい」とばかり考えていると、相手の承認欲求に目がいかなくなるからです。

心理学者のアブラハム・マズローは「我々の社会では、すべての人々が他者からの承認などに対する欲求・願望を持っている」[*2]と語り、さらに承認欲求について「我々は自尊心の基盤を、実際の能力、仕事に対する適切さなどではなく、他者の意見をもとに形成してしまう」と述べています。

承認欲求は誰もが持っている自然な欲求ではありますが、強すぎると周囲の人を不快な気持ちにさせたり、ときには自分自身を苦しめたりもします。

承認欲求が強い人には主に次に挙げる三つの特徴があります。

・自分の話ばかりする

承認欲求が強くなりすぎると「話したい」「話を聞いて欲しい」という気持ちが強くなって、相手がどう思うかに気づくことができないため、ついつい自分ばかりが話し続けてしまいます。社交的なのはよいのですが、あまり一方的に話されると相手もうんざりしてしまいます。

・他人からの批判を過度に気にする

自己肯定感が低いなどで承認欲求が強ければ強いほど、自分の言ったことを肯定して欲しいという思いが働きます。そのため、否定されたり、反対意見を言われたりすると、怒りや悲しみを感じやすくなります。その結果、自分の考えに固執するようになり、相手の意見を聞き入れる余地をなくしてしまいます。

・相手の評価を落とそうと、不平不満を口にする

承認欲求が強すぎると、相手の評価を下げて相対的に自分の評価を高めようとして、「自分のほうが仕事ができるのに、なぜあいつのほうが評価されているのか」などと不平不満や愚痴をこぼすようになります。不平不満や愚痴は、相手に不快感を与えるため、かえって自分の評価を下げることにつながります。それによって、自分を認めて欲しいという承認欲求がさらに強化されてしまうのです。

承認欲求は食欲と同じで、誰もが持っているものであって完全になくすことはできません。お腹が空いたときに「食べたい」という欲求が湧き、何かを食べれば満たされますが、またお腹が空いたら食欲が湧いてくるのと同じです。

他者に認められればそのときは承認欲求は満たされますが、再び認めて欲しいという欲求が湧いてきますから、きりがありません。また承認欲求が満たされなければ、その欲求はどんどん強くなっていってしまいます。

食欲は自分自身が食べ物を口にすれば満たされますが、承認欲求は他者からの働きかけがないと満たされません。いつでも周りの人たちが承認してくれればいいのですが、他者からの評価は一定ではなく揺れているものですから、そのようなことはなかなかありません。

承認欲求の評価軸は他者であるため、食欲のように安定して満たされるものではないということです。

承認欲求は他者から認められることを求めるものですが、評価軸を他者ではなく、自分の中に持ち、自分で自分を認めてあげるという自分軸にすることができれば安定します。

なぜ他者と比較せずにはいられないのか

承認欲求が強すぎる人は、評価軸を自分ではなく他者に委《ゆだ》ねてしまっているわけですが、これは承認欲求が強い人だけに限りません。常に「他者と自分を比較してしまう人」も同じです。

社会的に他者と自分自身を比較する行為を、心理学では、「ソーシャルコンパリソン」と呼びます。ソーシャルコンパリソンは、日常の中にあふれています。たとえば、友人から結婚の報告を受けたとき、モヤモヤした気分になり素直に喜ぶことができなかったり、同僚が昇進したことを聞いて落ち込んだりします。

モヤモヤしたり落ち込むことがわかっているのに、どうして人は他者と比較せずにはいられないのでしょうか。

その理由のひとつは、「自己評価」するためだと考えられています。私たちは社会生活に「適応」していく必要があります。適応して社会生活を送るためには、自分の能力や置かれた環境・立場をよく知っていることが不可欠です。そこで、私たちは常に、「自分の能力はどの程度か？」「自分の判断は正しいのか？」ということを確認するために他者と比較しているという研究があり、これを「社会的比較」と呼びます。

この社会的比較をするとき、境遇、能力、見た目など自分と似ている人を選びます。なぜなら、自分と似た立場にいる他者と自分の考えや行動が一致すると、自分の意見や能力との一致によって得られる〝自分の確かさ〟を得ることができるためです。

自分と似たような年齢、境遇、能力を持っている人を選んで比較するもうひとつの理由は、お互いをライバル視して競争することで、お互いに成長できるというポジティブな面もあります。

また、別の側面もあります。たとえば、自分が七〇点の評価を得たとき、自分と同じカテゴリーに属している（と思っている）人が何点の評価を得たか比較できると、カテゴリー内での自分の能力がよりわかりやすくなり、自分の立ち位置や能力を客観的に知ることができます。

そのため類似他者との比較は、自己評価を行う際に非常に有意義であるという結論を出している研究も多くあります。つまり、ここでいう「自分に似た他者」と比べる社会的比較は、ネガティブなものではなく、状況に適応するために必要なことだとされているのです。

他者と比較するもうひとつの理由は、優劣をつけることで自尊感情を高めたい人が行う「下方比較」にあります。下方比較とは、自分より下、と思う相手と比較して、自分を慰めたり自分の幸福感を感じようとするために行う比較です。

下方比較の例としては、他人の不幸に関するニュースを見て「メシウマ（ネット上で使われるスラングで〈他人の不幸で今日も飯がうまい〉の略）」と思ったりすることです。下方比較は、脳の中では喜びの反応としてあらわれ、程度の差こそあれ、誰でも起こりうる感情です。そのため、日常生活で人の不幸を聞いて少しほっとすることがあっても、その瞬間の自分を「本当に嫌なやつだな」と過度に卑下《ひげ》する必要はありません（もちろん、人の不幸を喜ばないでいられれば一番よいのですが）。

ただ、ソーシャルコンパリソンが習慣化してしまうと、不安が強化されてしまいます。下方比較をしている分には、幸福感や安心感を得ている一方で、自分よりやや優れた他者と比較する「上方比較」をしてしまうとモヤモヤしたり落ち込んだりしてしまい、やがてその感情は不安に変わっていきます。

上方比較については、ライバル心を燃やすことで、自身の向上につながるという良い側面もあります。また、面白いことに、上方比較をする理由のひとつに、人は、他者の優秀な成績を自分自身に結びつけて同一視する過程があるためだとする説も存在しています。たとえば、身近に、エリート、美人、お金持ち、などがいることを誇らしく思っているような人の感情は、このような同一視の部分があるのかもしれません。

人が他者と比較する場合、たいていは自分と同等、と思う相手と比較しています。だから、比較することで苦しんだり、落ち込んだりしてしまうのです。

ソーシャルコンパリソンを習慣にしている人は、自分の考えに基づいて自身への判断を下すことよりも、「他者から見られる自分」に対して高い注意を払う人といえます。このような人たちは、自己概念が不安定なため確固とした自分というものがなく、比較することで初めて「自分は○○さんより××だ」として自己を確立し、それによって自尊感情を保っています。このように、他者と比較してばかりいると、他人が自分のことをどう評価するかという他人軸から抜け出せなくなります。

他人軸から抜け出すためには、必要以上に比較をすることをやめて、承認欲求のところでも述べたように「自分を認めること」です。そうすれば自尊感情を保つことができます。

とはいえ、「自分を認めること」と言われても具体的にどうすればいいのか、と考えてしまいますよね。

効果的な方法のひとつとして、「自分への声掛け」があります。自分で自分を評価するときに、「すごく良かった」と言うのではなく「これでいいよ」と言ってあげるのです。

自分を「とっても良い」と考えることは、優越感の感情と関連しており、自分が他者より優れていると感じることであるのに対し、自分を「これでいい」と考えることは、自分に好意を抱き、尊重することだとしています。

つまり、他者との比較によって生じる、自分を「とても良い」と考える場合の自尊感情は、自分よりさらに優れた他者の出現によって脅《おびや》かされるものであり、安定していません。一方で、他者と比較せず自分の内部の価値基準に達していれば良しとする、自分を「これでいい」と考える場合の自尊感情は安定したものになります。

他人の不幸を喜びにする黒い快楽「シャーデンフロイデ」

自分の魅力をアピールしたいとき、等身大の自分よりも大きく見せたがる人がいます。

「私は○○さん（著名人）とSNSでつながっているんですよ。私の投稿を気に入ってくれて、向こうからフォローしてきたんですよ」

「先月は出張で、ロンドンと香港とパリに行ってきたんです。本当は現地の人間で何とかして欲しいところなんですけど、どうも私がいないと仕事がうまくいかないって言われて仕方なくね」

「今、娘が医学部にいるんですけど、息子も来年、医学部に入ることになってね。いやぁ、学費がかかって大変ですよ」

このように言うことで、周囲の人に魅力的な人間だと思ってもらいたがっている人はいます。実際に、そういう人の周りに集まる人もいます。

その一方で、過度の自己への過大評価は周囲の人に、他人の不幸や失敗を喜ぶ感情である「シャーデンフロイデ」を引き起こす恐れがあります。

「シャーデンフロイデ」は、(自分より)優れている点がたくさんある、と思っていた相手が自分より不幸になるほど喜びを感じやすく、そのとき他人の不幸を喜ぶ脳の状態になっていることも明らかにされています。

十年くらい前になりますが、日本で海外製の超高級スポーツカーが数台玉突き事故を起こしたとき、そのニュースは、世界中の人々に「悲劇」としつつも独特の感情をもたらし多くの皮肉ったジョークとともに報道されました。ここにもおそらく、スーパーカーに乗る優れた他人の不幸を喜ぶ感情があったのでしょう。「他人の不幸は蜜の味」と言うように、人間の脳には、他人の不幸を喜ぶ傾向と回路があります。自分のライバルがなんらか

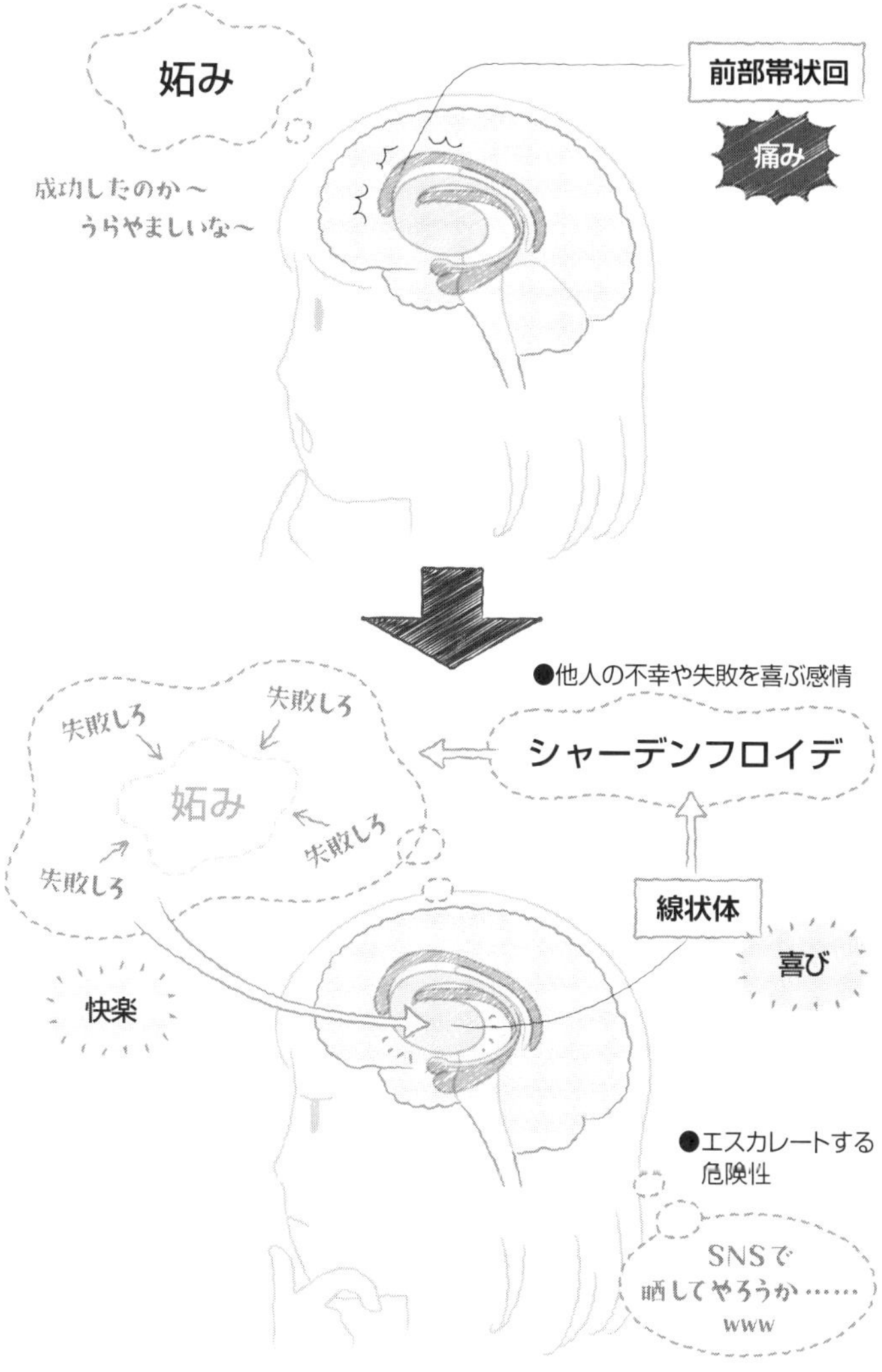
妬み
前部帯状回
痛み
成功したのか～
うらやましいな～
●他人の不幸や失敗を喜ぶ感情
失敗しろ
失敗しろ
シャーデンフロイデ
妬み
失敗しろ
失敗しろ
線状体
喜び
快楽
●エスカレートする
危険性
SNSで
晒してやろうか……
www

の失敗などで不幸になると、その分自分の幸福が増したという幻想を抱くのです。

シャーデンフロイデは、パートナーの浮気など「自分が持っているものを失う不安によって芽生える嫉妬の感情」や、友人の成功など「自分が持っていないものをうらやましく思う妬みの感情」とは異なります。

脳は妬みを感じたとき、基本的には身体の痛みを感じたときと同じ「前部帯状回」という部分が活動しますが、シャーデンフロイデを感じたときには、喜びを感じたときと同じ「線状体」が活動します。妬みで感じた痛みを快楽に変化させようと他人の不幸を望んだとき、私たちはシャーデンフロイデを感じるのです。

シャーデンフロイデがエスカレートすると、たまたま目についた他人の不幸を喜ぶだけではあきたらず、あえて他者を貶《おとし》める行動に出て不幸にすることによって、自分の主観的な幸福感を上げようとすることも起こってきます。SNSでの誹謗中傷《ひぼうちゅうしょう》やそれらの投稿を拡散する行為、不満や憎悪を他にそらすための身代わりにされるスケープゴート化といった非社会的な行動に及ぶ場合もあります。

シャーデンフロイデは人間の脳の自然な傾向のひとつですが、多くの場合、他人の不幸は自分の幸福と論理的にはなんら関係がありません。

自分の内面や外見に注意を向けることを自己意識と言いますが、自己意識の中でも、自分の考えなどに基づいて自身への判断を下すことよりも「他者から見られる自分」に対して高い注意を払う人は、他者との比較をしがちですし、そのような人はうつ傾向が高めなことも示されています。なぜなら、このような人たちは、自己概念が不安定（一般的に、自分がない、などと言われる）なため、比較をすることで初めて「自分は○○さんより××だ」として自己を確立し、それにより自尊感情を保つためだと考えられています。

つまり、自分がない（自己概念が不安定）人ほど、元来自尊感情も低く、人と比べて評価をすることでしか、自分の価値を見出せない（自尊感情を保てない）ということであり、「マウントを取る」と言われている現象の背景には、自尊感情の低い人による、下方比較を利用した自尊感情の保持があるのでしょう。また、逆に上方比較による自尊感情の低下が招いているうつ状態もあるかもしれません。

ただし、日本人は全体的に、自己を他者から独立したものとして捉える西欧文化と比べ、人とのつながりや調和を大切だと考える傾向があります。そのため、日本人は社会的に比較しがちで、これが多くの人にとっての抜けられない悩みにつながっているのです。

人生の多くの時点で他者と比較をしているのは、程度差はあれ人種、性別、年齢を超えて普遍的に起こっていることだと思います。そして、それにより苦しんでいる人が多いことも事実ですが、比較の度合いが過ぎなければ、他者と比較することは、社会に適応していく上で必要な機能でもあるのです。春になると、昇進や入学などの身近な他者の喜ばしいニュースに心がざわつき焦りがちですが、日本では多くの人が同じ経験をしていることでしょう。必要以上に社会的比較をすることなく、自分を認めることで、自尊感情を保つことが大切です。

一瞬で相手の心をつかむ人は「同じ土俵」に上がらない

一瞬で相手の心をつかむためには、シャーデンフロイデを含め他者から嫉妬されない人間関係をつくっていくことが大事です。

先の「なぜ他者と比較せずにはいられないのか」のところで述べたように、人は社会的比較をするとき、境遇、能力、年齢、見た目など自分と似ている人を選びます。「同じ土俵」という言葉があるように、相手にとって自分が同類だと思われてしまうと嫉妬の対象になりやすいのです。

同じ土俵に上がってしまう例としてわかりやすいのが、ママ友グループのSNSでのやり取りではないかと思います。

ママ友A「やっぱり子どもの小学校は、公立より私立のほうがいいらしいよ」
ママ友B「確かにそうだけど、私立っていってもピンキリだからね」
ママ友C「私立なら、私いい学校知っているよ。〇〇学園とかいいってさ」
ママ友A「えーそう？　私が聞いた話だと〇〇学園はいまいちだって」
ママ友B「私もそれ聞いたことある。やっぱりここら辺の私立で一番は××大学付属の初等科でしょ」
ママ友D「そうかしら。それよりも、国立大学付属の小学校がいいらしいよ」

一見すると、ママ友同士の情報交換に見えますが、この人がこう言ったから私はこれを言ったという感じで続く会話は、情報のシェアという名のマウントの取り合いです。それをやってしまうと、「同じ土俵」に上がることになってしまいます。

相手を魅了する人は、こういうとき決して同じ土俵には上がりません。

では何をするのかというと、相手が気持ちよくしゃべれる環境をつくることに注意を払います。そのときに、「なぜ、Aさんは公立の小学校よりも私立のほうがいいと言い出したのか」「もしかしたら、Aさんは公立より私立のほうがいいという根拠となる情報を持っていて、それをみんなの前で披露して自慢したいのかもしれない」というふうに考えます。要は、相手がなぜその話題を出したのか、その意図を汲み取った上で、相手はどういう評価をして欲しいのかを考えて行動するということです。

この場合は、Aさんは自慢したいのだと推測できれば、BさんやCさん、Dさんのように自分が知っている情報を言うのではなく、Aさんにしゃべりたいことをしゃべらせた後に「いろんなこと良く知っててすごいですね」と返せばいいのです。

一瞬で相手の心をつかむ人は、同じ土俵には上がらずに、周囲の状況を俯瞰《ふかん》して見ることができる〝突き抜けた人〟なのです。突き抜けてしまえば、「あの人は、周りの人とはちょっと違う」という目で見られるため、嫉妬の対象にはなりません。

「ジャイアニズム」はトクか損か

「ジャイアニズム」とは、マンガ『ドラえもん』の登場人物の一人、ジャイアンが「おまえのものはおれのもの、おれのものもおれのもの」と発したことに由来する俗語です。ジャイアンは、のび太がドラえもんから与えられた道具を奪い、あたかも自分の所有物のように使用します。

このジャイアンと同じように、人に与えること（giver）よりも、人からものを受け取ること（taker）を重視している人がある一定数存在します。

たとえば、研究業界は、「その研究の立役者は？」ということが大きな評価につながりますし、どの職種においても「その仕事を成し遂げたのは誰か？」ということは付いて回るでしょう。おそらく規模が大きいものであるほど、その成功には、多くの人の努力が関わっています。ところが、関わっている人それぞれが費やした労力には、実はとても大きな差が出ることがあります。

つまり、愚直に周りの人のために頑張る人から、人の頑張りを自分の利得にしてしまう人までいるのです。極端な例では、プロジェクトのためにフルで頭を使い現場で汗水垂らして努力した人の功が、その間、的確な指示をしたわけでもない上司の大きな成果として評価されるなんてこともありえるわけです。

こうしたことは、どの職場でも残念ながら日々起こっていることでしょう。

日常的なちょっとしたことにおいても、真摯《しんし》に取り組み、結果として周りに何かしらを与える人と、何かをしてもらってそれを何食わぬ顔でジャイアンのように奪い取る人がいます。

そのため、ふとしたときに、人のために行動することで大きな損をした気持ちになることがあります。

では、実際、奪い取ることや与えられることに注力しながら生きている人と、与えることができる人、どちらが最終的に利益を多く得て成功をするのでしょうか?

ジャイアニズムを発揮している人が、ある程度の成功を手にすることは否定しきれないのではないかという現実をしばしば目にします。ところが、多くの研究が、最終的には与える人が成功をすることを示しています。この研究で最も有名なのは、ペンシルベニア大学ウォートン校の教授アダム・グラント氏です。

彼らの研究チームは、人を助けるための時間に喜んで努力を捧げる人と、他人の努力から利益を得ても恩返しをしない人（おそらくそのような人は、そもそもそれを当たり前のこととして考え、恩だとも思っていないのでしょう）を分析しました。その結果、長期的に見た場合、与える人のほうが、仕事の成功に関わるほとんどの指標において数値が高かったことを示しています（愚直にひたすら与え続ける人になってしまうという極端な例はこの場合のぞきます）。一体なぜでしょうか？

これは「近視眼的」であるか、長期的な視野を持って物事を捉えることができるか、という点から説明ができます。端的にいえば、ジャイアニズムで成功できると考えている人は「近視眼的」、つまり、目の前の利益を取ることしか考えておらず、目の前の利益をとることで将来どのようになるのか？　という長い目で成功を見据えることができていないのです。

特殊な場合を除いて、人が社会で成功をしたいと思った場合、たった一人きりで成功を手にすることはできません。必ず人間関係が存在します。そして成功までには、自分だけでなく、多くの同じ目標に向かった仲間、周囲の人間の労力が必要になります。この労力が、何で担保されるか？　という問題に対し、研究からひとつあきらかになっていることがあります。

それは「感謝・恩」の気持ちです。人は、自分のために何か力を注いでくれた、と感じたときに感謝を感じます。そして、この感謝の念を持っている場合、人は、通常の三〇％程度、自分の労力を割き、大変な作業を行うことができることが示されています。さらに、感謝の念を持って行動をしていると、目の前の誘惑に打ち勝つための自制心が強く働き、よりやり抜く力を持って作業できることも明らかにされています。

つまり、与えるという行為をした場合には、与えられた人が「感謝の念」を持ち、将来、通常以上の労力を払ってくれる可能性があるということです。ここでポイントなのは、与えるという行為を意識的、あるいは無意識的に、長期的なギブ・アンド・テイクの視点を持って行っているというところでしょう。そのため、与える側の人にとって、与えられることばかりに注力している人は、与えたところでメリットがない相手であり、与える対象ではなくなる、という判断がされます。いわゆるしっぺ返しです。その結果、長期的にギブとテイクが循環するという現象が起きなくなるため、与えられる人の成功は、一時的、あるいは、ある程度までということになります。

一方、与える人は感謝を生み、円滑でモチベーションが高く、すぐには誘惑に負けない自制心を保った仲間とともに、継続的な成功に近づくことができるのでしょう。

マインドフルネスで「内受容感覚」を研ぎ澄ませる

ストレスを感じていたり、体調が悪かったりすると、他の人を気遣ったり、親切にしたり、ユーモアを振りまいたりする気になれないものです。普段明るくて温厚な人物でも、心や身体のコンディションがすぐれなければ、不機嫌になってしまっても仕方がありませんが、これでは人の心をつかむ技術を発揮するのは難しいでしょう。

人に好かれたいのならば、心と身体の変化に気を配り、いつでも万全の状態に整えておきたいものです。

心と身体の健康を考えるとき、意識が先なのか、身体の症状が先なのか、具体的に言うと「ストレスを感じるから胃が痛くなるのか」「胃が痛いからストレスを感じるのか」、どちらが先なのかわからないことがあります。

これまでは、脳が感情を決めて、その後に胃が痛くなるとかお腹が痛くなるということが起こる、と考えられてきましたが、逆の可能性も指摘されています。最近では身体の中で起きる異変が先にあって、その変化を脳が察知して、悲しい、つらい、怖いなどの感情が生まれるといわれています。

心臓の鼓動や、胃や腸などの内臓感覚、それ以外にも、喉の渇き、性欲といった身体の内側の状態や、その変化に気がつく感覚を、「内受容感覚」といいます。私たちが、自分の感情や気分を理解するのにこの感覚は重要な役割を果たします。

内受容感覚は、自律神経によって脳に伝えられ、感情や気分を生み出したり、ホメオスタシス（体温など体内の状態を一定に保つこと）や意識を形成したりする基礎を構築しています。これが内受容感覚が感情に深く関与する理由です。

心の健康を保つには、自分の身体への気づき（＝内受容感覚）が必要であることが多くの研究から示されています。この内受容感覚は鍛えることができます。

これまでは、左記のように考えられてきました。

○脳が感情を感じる（つらい・悲しい・怖い）→身体の中の異変（胃が痛い）

今は「内受容感覚」が先にあると考えられています。

○身体の中の異変（胃が痛い）→自律神経→脳→感情を生み出す（つらい・悲しい・怖

い）

内受容感覚が高い人は、感情の制御が上手でレジリエンス（困難を乗り越え回復する力）が高いことがわかっています。自分の感情がよくわかっていると感情の制御がうまくできて、自分の感情とうまく付き合えるためです。そして、その感情は前述したように身体に根ざしているため、感情にうまく対処するには内受容感覚もすぐれているほうがよく、この感情制御のうまさがレジリエンスにもつながるのです。

内受容感覚の精度は、自分の心拍数を測ることでわかります。自分の心拍数を身体に触れることなく一分間カウントしてみます。

次に実際に体に触れて心拍数を測ります。より正確な数値を知りたい場合は、二人で行います。自分で心拍数をカウントしているときに、もう一人に手首などに触れて心拍数を測ってもらいます。

このときに、自分でカウントした心拍数と実際の心拍数の差が小さければ小さいほど、内受容感覚が高いことになります。

内受容感覚を鍛えるには、「マインドフルネス」が有効であるという研究結果が出ています。脳指標を用いた研究では、マインドフルネスのあとに、内受容感覚を司る脳の場所（島皮質）の活動変化や脳の構造が変化することが報告されています。

マインドフルネスとは、「頭の中に浮かんでくる雑念を鎮《しず》め、今この瞬間に、価値判断することなく、注意を向けること」です。マインドフルネスのトレーニングには、呼吸に意識を集中する「呼吸瞑想」や、身体に意識を向ける「ボディスキャン瞑想」などがあります。

自分自身の心や身体の状態を正確に知ることは、簡単なことではありません。事実、私自身もそれほど苦しいという自覚はなく、前向きに頑張っているだけのつもりで日々をこなしていたら、円形脱毛症がたくさんできていた、ということがよくあります。

しかし、自分の心や身体、とくに「感情」を正確に認識することは、自分の感情を適切にコントロールすることや、相手への共感の気持ちなどにも直結し、人間社会で生きる上ではとても重要な能力です。

うまく自分の感情をコントロールできないと、感情に振り回されたり、人間関係に悪影響を及ぼしたりすることにもつながりますし、つらい感情を自覚できないとさまざまな身体症状が現れたりします。自分の感情に深く正しく気づくために、毎日少しずつでもいいので、自分の身体と向き合い、マインドフルネスを行い、今の自分のコンディションを確認していきましょう。

俯瞰する力の鍛え方

心をつかむ人は、冷静な判断力を持ち合わせています。そして、その判断力の礎《いしずえ》となるのは俯瞰する力、つまり、メタ認知力です。

メタ認知とは、自分を俯瞰して、客観的な視点で物事を考えることです。メタ認知ができれば、怒りやもやもやといった感情の動きを自覚できるようになるため、自分の感情を上手にコントロールすることができるようになります。

メタ認知能力は、〝気づき〟を促してくれます。人の心をつかむには、相手の情報を観察や会話を通して得る「情報収集能力」が必須で、次に必要になってくるのが相手から得た情報を利用して「どう対応するか」です。どちらも、気づくことが大切です。

相手のことを細かく観察して相手の関心に気づくことで正確な情報を得られますし、相手に対してどう振る舞うかも実際に行動してみた結果、気づいたことを分析して次の行動にフィードバックさせていくことで向上していきます。

メタ認知力を高めるためには、日記をつけることです。日記は、書き続けることで「自分を俯瞰する力が」鍛えられます。これが、今現在の自分のメタ認知能力を知ることになります。

人は基本的に主観で物事を考えます。事実を書いたつもりでも、後で読み返すと主観的、感情的に書いていて自分でも驚くことがあります。たとえば、深夜に感情のままに書いた手紙やメールを、翌朝になって読み返したらあまりに恥ずかしい内容で捨ててしまいたくなったという経験がある人もいるかと思います。

深夜に書く文章は、脳が疲労し、意思をコントロールする能力が働かない状態で書いているため、その文章は冷静さを欠いています。翌朝、睡眠を十分取って脳を休ませた状態で、客観的に読むとはっとするわけです。日記もこれに似ています。

客観的に日記を読み返すことは、今の自分を客観的に知ることでもあります。冷静な頭で自分が書いたことを読み返すことで、自分自身を見つめ直す機会にもなり、今の自分を俯瞰して客観的な視点で見ることができるようになります。ただし、日記を書いた直後はとくに主観的に読んでしまいがちなので、少し時間をおいて、忘れた頃に読み返すほうがいいでしょう。

「他者からのフィードバックを日記から得る」方法は、日記に自分が行った行動を書くことです。他者からといっても、実際に他の人に自分の日記を見せるわけではありません。自分が行った行動を日記に書き、しばらく時間をおいてから読み返すことで客観的な視点で自分の行動を振り返ることをいいます。

それを続けていると、人間関係のどこで失敗したり、つまずいてしまうのか、トラブルに陥る傾向や対策法などが見えてくるはずです。日記は、メタ認知力を鍛えるには恰好のツールなので、ぜひ挑戦してみてください。

感謝しやすい人は幸福度が高い

芸能人の名前を広告に利用した投資詐欺のニュースなどを目にする機会が多くなりました。そのような詐欺広告にだまされてしまう側の人の脳内ホルモンは、ドーパミンが優位になってドーパミンに依存してしまう傾向にあります。

人を魅了するためには脳内の物質をバランスよく保つことが必要です。なぜなら、脳内に存在するさまざまな脳内物質の量が大きく変動することなく、一定に保たれている状態こそが幸福な状態といえるからです。

なぜ、自分が幸福でないと人を魅了することができないのかといえば、心に余裕がなければ人を惹きつけることはできないからです。

そもそも、人をだますことと、人を魅了することは違います。人を魅了する側も魅了される側も両方がウィンウィンになる関係なので、一方がお金を貢いで一方がお金をもらうという関係とは違います。

「感謝しやすい人は幸福度が高い」ということが多くの研究から示されています。どのくらい感謝できるかについては個人差がとても大きく、人によって違う感謝度合いを「特性感謝」と言います。この特性感謝がウェルビーイング（心身の健康・幸福感・達成感）の向上につながっているというわけです。

特性感謝の高い人は、①ストレス反応が起こりにくく、うつっぽくならない、②充実感を得やすい、③主観的幸福度が高い、④自分はほかの人から助けてもらえるという考えを持つ、⑤楽観的である、ということが研究でわかっています。

なぜ感謝することが、幸福につながるのかというと、感謝しやすい人は他の人から何か良いことをしてもらうと、「自分のためにこんなことをしてくれた！」と、その行為に対して評価を高く感じる傾向があることが挙げられます。その結果、状況を肯定的に解釈して感謝するので、それが幸福につながるとされています。また、感謝しやすい人は、物事に対して楽観的に考える傾向があり、ストレスがかかる状況にあっても、「なんとかなる」と自分の中で楽観的に考えることで、結果としてウェルビーイングが上がるのではないかといわれています。

多くの人は、何かしてもらうと感謝の気持ちが生まれ、お返ししようという気持ちが高まります。この気持ちは、何かしてくれた人に対して感じるだけでなく、その感謝とはまったく関係なかった別の他者に対しても、何かよいことをしてあげたいという利他的感情が高まります。

実際、三週間毎日欠かさずに、自分が感謝していることを日記につけてもらい感謝の習慣をつけると、他者に協力的になり、人間関係が良好になったという実験結果も出ています。

面白いことに、感謝と利他的行動は、どちらも恐怖感や緊張感に対して心を落ち着かせるような感情制御に関わっている脳の前頭前皮質腹内側部という部位の活動と関連しています。毎日感謝日記をつけて感謝の習慣が身につくと、脳のこの部位の活動が上がります。このとき、おそらく脳内物質のバランスもとれていると思われます。

感謝日記のつけ方は、いたってシンプルです。誰に何をしてもらって感謝したかを一日五つ書きます。「家族がおいしいごはんをつくってくれた。ありがとう」「部下が早く仕事を仕上げてくれた感謝」など、自分なりの表現で構いません。

日記を書く期間は、一週間毎日書くだけでも効果が見られます。週末だけの週一回を十週間続けても効果は見られますが、できれば毎日感謝を書き出すことを続けるほうがより高い効果が出ることがわかっています。

第4章

笑顔とスキンシップで心をつかむ

ミラーニューロンで「笑顔」を伝染させる

人はコミュニケーションをとっているとき、言語に依存したコミュニケーションだけでなく、言葉を使わずに身ぶりやしぐさで伝えるノンバーバルコミュニケーションも同時に行っています。

ノンバーバルコミュニケーションにおいて、もっとも重要視されるもののひとつが〝笑顔〟です。

笑顔の人は魅力的に映りますし、にっこりと笑うだけで好感を持ってもらえます。笑顔を向けられた人は、不安や緊張感が和らぎ、安心感を持ちます。

感情は伝染するといわれています。

心理学の用語では「情動感染」[*1]と呼びます。情動感染には、脳内にあるミラーニューロンという神経細胞がかかわっています。この細胞のおかげで、私たちは他者の感情を理解したり共感したりできます。

誰かの微笑みが目に入ると、ミラーニューロンが作動して自分も微笑みたくなります。

同じ部屋にいる人が、イライラした様子で頻繁に足を組みかえているのを見ると、自分の脳もイライラを感じ取ります。残念なことに、ポジティブな感情よりもネガティブな感情のほうが感染力が強いといわれています。その理由は、生き残るためにはポジティブな感情よりもネガティブな感情を覚えていたほうが有利だったから、という生存本能説が有力だといわれています。

カリフォルニア大学の研究者ハワード・フリードマン氏とロナルド・リジオ氏は、言葉や態度で不安や怒りを強く表現している人が視界に入ると、それを見た人も同様の感情を抱き、それによって脳のパフォーマンスが下がることを発見しました。ストレスを感じている人を目にしただけで、見た人のコルチゾール（ストレスホルモン）のレベルが高まったという研究[*2]もあります。

一方で、人間行動学の専門家であるトム・ラス氏は、著書『幸福の習慣』（ディスカヴァー・トゥエンティワン）の中で「ポジティブな思考は良好な健康状態と常に相関する」と述べています。

また、笑顔になると脳内で神経伝達物質のエンドルフィンが分泌され、ストレスホルモ

ストレスを感じている人を目ただけで、見た人のコルチゾール（ストレスホルモン）も高まる

笑顔になると脳内でエンドルフィンが分泌。コルチゾールは抑制され、幸福感をもたらす

笑顔で相手にポジティブな感情を感染させ、相手のネガティブな感情を緩和させる

ンのコルチゾールは抑制されます。エンドルフィンは、幸福感をもたらすほか、「ランナーズハイ」の要因ともいわれ、気分がよくなり、いつまでも走り続けられるような陶酔感を味わうことができます。

周囲にネガティブな感情をまき散らす人がいたら、あなたもつられてネガティブになるのではなく、笑顔や理解を示す頷きを返すようにしましょう。そうすることで、あなた自身からエンドルフィンが分泌されて気分が良くなりますし、笑顔を向けることで相手にポジティブな感情を伝染させることができていれば、相手のネガティブな感情も緩和するはずです。

ですから、笑顔をつくることは、気分が乗らないときでも明るくなり、心にも身体にも良い影響をもたらしてくれるのです。

タッチングの共有が心の距離を近づけさせる

私たちの研究所では、「触覚情報の共有が脳機能にどのような影響を与えるか」という現在進行中（学会発表済み）の研究があります。もう少し詳しく言うと、「デジタル情報を使って触覚情報を共有することによって、共感や利他性に関わるような脳の領域で活動が上がるのではないか」ということを調べています。

この研究では、オンライン上でのコミュニケーションにおいて、握手したり、手に触れたりするタッチングなどの触覚情報をデジタル信号に置き換えて遠隔地にいる相手に送信し、その触覚情報を相手と共有したときに、脳がどのような反応を見せるのかを実験しています。

実験では、「被験者」にＺｏｏｍ（映像と音声で遠隔にいる相手とコミュニケーションが取れるアプリケーション）を使って遠隔にいる「実験者」とコミュニケーションを取ってもらいました。その際、「触覚情報を伴って会話をする」グループと「通常通りに会話する」グループに分けて、それぞれのグループに十五分間会話をしてもらっています。会話中、「触覚情報を伴って会話する」グループでは、「被験者」の会話内容に承認や同意を示すタイミングで触覚情報が与えられました。

「被験者」にはＺｏｏｍで会話をする直前と直後に、ｆＭＲＩ（磁気共鳴画像診断装置）の中に入ってもらい脳の状態の変化を調べました。その結果、会話直後の脳の状態を見ると、触覚情報が与えられた被験者のグループの脳では、会話直前には見られなかった共感や利他性に関わる脳の領域の活動が上がっていました。その一方で、通常通りにＺｏｏｍで会話した被験者グループでは、会話の直前と直後で脳の変化は見られませんでした。

このことから、遠隔でも触覚情報を共有する会話をした人は、共感などに関わる脳の領域の活動が上がって報酬系が働くことから、心地よく感じて、相手に対する心の距離感が身近に感じられていることがわかります。

ゆっくりした速度で優しく触れられると脳は「快」を感じる

「ある一定の速度で柔らかくタッチされると快を感じる」というのは、触覚の研究をしている人たちによって繰り返し言われてきたことです。

人の皮膚の有毛部（毛根のない手のひら、足の裏、粘膜などを無毛部というのに対して、その他の毛根がある部位をいう）へ柔らかなブラシなどの素材を用いて、一秒間に三〜五センチのスピードで優しくなでる刺激を行うと、快感情が最大になるという研究結果が出ています。

このときの刺激は、ゆっくりした速度で優しく身体に触れるボディタッチの一種である

「フェザータッチ」と、そう違いはないと思います。フェザータッチは、羽で優しくそっとなぞるように身体を触ることですが、主に恋人同士がより親密になりたいときに行うボディタッチです。このようなタッチは、ドーパミンやオキシトシンと関連していると考えられます。[*3]

ストレス緩和・安心感・共感を与えてくれるオキシトシンの働き

前述したアメリカの心理学者アブラハム・マズローが発表し、今や古典的な理論にもなっているマズローの欲求五段階説では、人間の欲求を五段階に分類しています。一番下位の食欲や睡眠欲などの生命を維持するためのもっとも原始的な欲求である「生理的欲求」の次に必要とされるのが、経済的な安定や健康、情緒面での安全などの「安全性の欲求」と唱えています。

日本のような先進国における安全性の欲求は、治安や事故のリスクの低さなど生命の安全については、ほぼ満たされていますが、生活していく上で安心して暮らしたいという欲求は満たされているとはいえず、年々高まっているように感じます。

それに加えて日本人は、精神の安定に不可欠な神経伝達物質のセロトニンの伝達量を調整しているセロトニン・トランスポーターという遺伝子の中でも、不安遺伝子と呼ばれる「セロトニン・トランスポーターＳＳ型」を持つ人が多く、不安になりやすい民族です。[*4]

不安の多い時代に人々が求めるのが、〝安心感〟です。マズローの欲求五段階説でもわかるように、私たちは安全性の欲求、つまりは安心感を求めています。安心感をなくしては、他の感情を満たすことはできないため、安心感を与えるオキシトシンはとても大事なものなのです。

オキシトシンは、見つめ合ったり、触れ合ったりすることで放出され、ストレス緩和や不安感の減少、リラックス効果、共感、他者への信頼に関連しています。オキシトシンは脳の視床下部でつくられ、下垂体に送られてから、ホルモンとして血中に放出されます。

オキシトシンが愛情ホルモンと呼ばれているのは、もともと母子間の触れ合いから生まれた言葉だからです。

人間の赤ちゃんは非常に無防備な状態で生まれてきます。首も腰もすわっておらず、寝返りさえ打てない。鹿や牛の赤ちゃんのように、生まれてすぐに自分の足で立って動いてお母さんの母乳を飲みにいくこともできません。呼吸をして生命活動を維持すること以外の生存の機能をほとんど持たずに生まれてくるため、誰かが世話をしてあげないと、生きていけない存在です。そのときに、母親の脳内からオキシトシンが分泌されることで、赤ちゃんに愛情を感じて子育てをするようになります。

そして、オキシトシンは、母子間だけでなく、人と人のつながりでも必要です。それは、人は一人で生存できないため、人と人とが結びついて絆を深めることが必要なためです。

夫婦や友人などのような「個人同士の結束」や、家族や自分が所属している集団などの「集団の結束」を手助けするのがオキシトシンの役割でもあります。つまり、オキシトシンによって人と人との絆が深まることで、人は生きていくことができるようになるため、円滑な人間関係を築く上でも必要とされています。

最近では、人と人に限らずペットと触れ合うことでオキシトシンが出ることもわかっています。孤独を癒すため、安心感を得るため、ペットとの絆を感じるためにもオキシトシンが必要なのです。

オキシトシンのネガティブな一面「サンクション」

オキシトシンは、人と人とのつながりを強める役割があり「愛情ホルモン」と呼ばれますが、一方でネガティブな一面があることもわかっています。

人と人との信頼関係や共感が強くなると、脳内のオキシトシンレベルが上がります。そこに、異端なものが入ってくると排外感情が生まれ、「サンクション（制裁行動）」という不当な評価をするようになります。制裁を行うことで、特定の集団内で自分が認められるという意識もあって、ある種の興奮状態となり、罰する人の脳の中では報酬系の回路が活性化してドーパミンが出ている状態になっていると考えられます。

つまり、脳内のオキシトシンレベルが高まると、人々の結束が高まる反面、和を乱す人を排除することに快感を覚えるようになる。その結果、特定の集団内での正義を盾《たて》にして、異分子を排除するという名目で、いじめやパワハラ、ＳＮＳでの攻撃などが助長されることにつながっている可能性があります。

オキシトシンレベルが高まることで、制裁行動が生まれますが、そのときに脳内のセロトニン濃度が低下していると、さらに攻撃的になるといわれています。

そのことを示す実験としては、イギリスのケンブリッジ大学で行われた「最後通牒ゲーム」があります。[*5]

最後通牒ゲームとは、参加者を「提案者」と「受け取り手」に分け、二人でお金を山分けするゲームです。ルールはいたって簡単で、「受け取り手」が「提案者」が決めた配分に納得すれば二人ともその金額を手にすることができる。「受け取り手」が拒否すれば二人とも一円たりとも支払われないというものです。（左図）
実験の結果、提案額が全額の二、三割程度の場合、拒否すれば一円も得られないとわかっていながら、「受け取り手」の約半数は拒否するという非合理的な選択をしています。
たとえば山分けするお金の総額が一〇〇万円だったとき、「提案者」が七対三の配分で自分のほうが多くもらえるように提案した場合、「受け取り手」は三〇万円もらえるにもかかわらず、提案を拒否します。
合理的に考えれば、提案額をそのまま受け入れれば、相手が七〇万円もらおうがどうしようが「受け取り手」は三〇万円はもらえるわけですからベストな選択のはずです。とこ

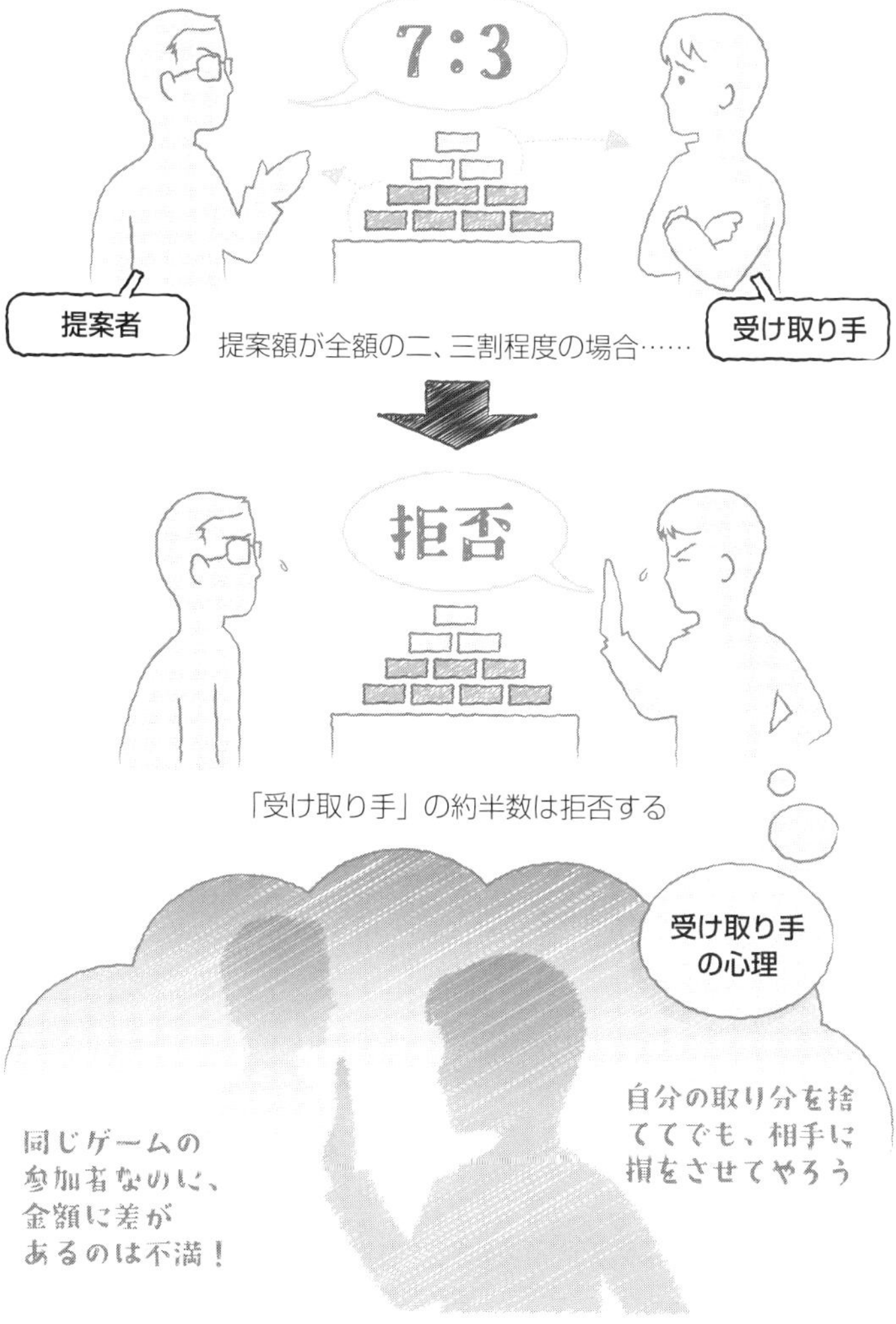
7:3
提案者
受け取り手
提案額が全額の二、三割程度の場合……
拒否
「受け取り手」の約半数は拒否する
受け取り手の心理
同じゲームの参加者なのに、金額に差があるのは不満！
自分の取り分を捨ててでも、相手に損をさせてやろうろが、多くの人が自分の取り分がゼロになってでも、相手の取り分をゼロにしたいと考えます。

そのときの「受け取り手」の気持ちとしては、次のような心理が働きます。「『提案者』と自分は同じゲームの参加者にもかかわらず、なぜ自分は三〇万円で、相手は七〇万円なんだろう？」と不満を感じ、「自分がもらえるはずの三〇万円を捨ててでも、相手に損をさせてやろう」となるのです。

さらに実験では、参加者に脳内のセロトニン濃度が低下した状態で最後通牒ゲームをやってもらいます。この状態で提案額が全額の二、三割程度を提案された「受け取り手」の約八割が「提案者」の提案を拒否しています。

セロトニンの濃度が低下すると、「社会性や共感性など社会の中で人として適応していくために活動」している脳の前頭前野という場所の活動レベルが低下するといわれています。そのため、「受け取り手」は、社会性よりも「相手を損させてやろう」という気持ちが勝って、相手の申し出を拒否するという攻撃的な反応を見せたのです。

セロトニンが多い人は、ストレスを感じる状況でも精神的に安定しています。セロトニ

セロトニンの増やし方

①太陽の光を浴びる	太陽を浴びる→睡眠に関するメラトニンも分泌→夜眠れる！
②リズム運動を行う	ウォーキング、軽いジョギング、ヨガ、ストレッチ
③トリプトファンを多く摂取する	トリプトファンとは必須アミノ酸。魚、肉、卵、納豆などトリプトファンが増えればセロトニンも増え、さらにメラトニンも多く分泌される 
④グルーミング	人や動物と触れ合うことでオキシトシンが分泌。ストレスが緩和され、セロトニンが増える

ンが少ない人は不安が強く、ときに最後通牒ゲームのように攻撃的になったりしてしまいます。

　そうならないためにも、セロトニンを増やしていくことが重要です。セロトニンは、ドーパミンやオキシトシンのように体内から分泌させることができないため、外から取り入れるしかありません。

　セロトニンは、主に太陽の光を浴びることで分泌を促進させることができます。ほかにも、ウォーキングや軽いジョギング、ヨガ、ストレッチなどのリズム運動を行うのもいいでしょう。セロトニンを脳内でつくるための素材となる食べ物は、トリプトファン（＝必須アミノ酸）を多く含むバナナ、鶏肉、卵、納豆などです。オキシトシンは人や動物と触れ合うこと（グルーミング）で分泌されますが、オキシトシンが分泌されるとストレスが緩和されセロトニンが増えるといわれています。

なぜ同調圧力が生じるのか

オキシトシンが高まることで制裁行動が生まれてしまうことを述べましたが、その他にも、同調圧力を生じることがあります。

ビジネスパーソンは常に周囲との調整を図りながら「意思決定」をすることで前に進んでいくことが求められています。

何が正解かわからない中で、自分が信じていることを裏付けてくれる情報が提示されると、脳の中では、ドーパミンの分泌量が急激に増えることが示されている一方、自分の意見を無視して、集団の雰囲気や秩序に合わせるとき（同調圧力）には、脳は社会的な痛みを感じていることが報告されています。集団における決定が非合理になる理由やその特徴と、同調圧力によって感じる脳の痛みについて解説します。

極めて優秀な人たちからなる集団であっても、集団で意思決定を行うと、個人ごとに決定したものより、明らかに非合理的で劣った決定がなされる場合があることがわかっています。戦争の開始などを含め、歴史的にも多くその例が見られるのですが、有名な例のひとつに、一九八六年にアメリカで打ち上げられたスペースシャトル、チャレンジャー号の打ち上げがあります。打ち上げから七十三秒後に空中分解し、七名の宇宙飛行士が犠牲となりました（しかもそれが世界中に生中継された）。

当日の悪天候や冬という季節ならではの低気温、部品の欠陥があったことから、安全な発射が難しいと考え、打ち上げを目前に、現場の技術者たちはチャレンジャー号の打ち上げを延期するように求めていました。ＮＡＳＡの上層部は、技術者たちの訴えを聞いたにもかかわらず、「絶対に計画は失敗しない」という信念を持ち、信念に反する事実（計画決行に危険性があるという指摘）を無視したといわれています。「自分たちは失敗しないだろう」という過信が存在し、外部からの忠告や都合の悪い情報を軽視しがちになる、あるいは、忠告をする雰囲気をつくらせず少数意見を持つ者に対して、暗黙のうちに多数意見に合わせるように誘導し（同調圧力）、愚かな自信の下に愚かな判断を集団で下すことを、「集団浅慮《せんりょ》」といいます。

「集団浅慮」を提唱したジャニス氏（一九八二）の研究によると、「集団浅慮」は、全員の一致を求める傾向が強い集団に現れやすいとされています。そのため、①集団の凝集性の高さ（集団への帰属意識が高い）、②不公正なリーダーシップや多様性の欠如など組織の機能構造的欠陥、③外的な強いストレスや自尊心の低下など状況的要因、これらがある場合に、全員一致の判断を求める傾向が高まり、集団浅慮に陥りやすくなるとされています。この集団浅慮に陥っている集団が示す特徴には、［過大評価］［狭い了見］［一致への圧力］に分類される以下の八つがあります。

1．失敗をしないという幻想を抱いている［過大評価］
2．道徳的、心理的に正しいと無批判的に信じている［過大評価］
3．自分たちに不都合な情報に価値を持たず、集団の行動を合理化するための努力が行われる［狭い了見］
4．敵対者へのステレオタイプな判断［狭い了見］
5．個人の中でも、集団からの逸脱を自発的に避けようとする自己検閲が働く［一致への圧力］
6．全員が一致しているとの幻想を抱く［一致への圧力］

集団浅慮に陥っている集団の８つの特徴

過大評価	1．失敗をしないという幻想を抱いている
	2．道徳的、心理的に正しいと無批判的に信じている
狭い了見	3．自分たちに不都合な情報に価値を持たず、集団の行動を合理化するための努力が行われる
	4．敵対者へのステレオタイプな判断
一致への圧力	5．個人の中でも、集団からの逸脱を自発的に避けようとする自己検閲が働く
	6．全員が一致しているとの幻想を抱く
	7．同調圧力を働きかける
	8．自分たちに不都合な情報や批判から自分の集団を守る監視人を自認する人材が現れる

7．同調圧力を働きかける［一致への圧力］

8．自分たちに不都合な情報や批判から自分の集団を守る監視人を自認する人材が現れる［一致への圧力］

ジャニス氏は、この状態を防ぐための九つの防止策も提案しています。

1．批判的評価者の設定：リーダーは、それぞれのメンバーに批判的評価者の役割を与え、メンバーが反対意見や疑問を発言するプライオリティを高

めるべき

2. 公正なリーダーシップ：リーダーは最初から意見せず、公正なリーダーシップに努めるべき

3. 計画策定グループと計画評価グループの独立：計画策定とその評価を、異なるリーダの下にある完全な別グループが行うべき

4. 複数のサブグループの設置：検討グループは、二つ以上のサブグループに分かれ、異なる議長の下で別々に検討を進めるべき

5. 所属組織からのフィードバック：状況を自分の所属組織の信頼できる仲間に定期的に相談し、フィードバックを得るべき

6. 外部意見の取り込み：外部専門家を会議に一人以上参加させ、コアメンバーの考えに対して異論を言うよう促すべき

7. 悪魔の代弁者（devil's advocate）：すべての会議において、少なくとも一人は、批判的立場をとる悪魔の代弁者の役割を与えるべき

8. 敵対者の分析：敵対組織に関わる意思決定の場合、客観的にその組織を分析するべき

集団浅慮の状態を防ぐための９つの防止策

1.	**批判的評価者の設定**：リーダーは、それぞれのメンバーに批判的評価者の役割を与え、メンバーが反対意見や疑問を発言するプライオリティを高めるべき
2.	**公正なリーダーシップ**：リーダーは最初から意見せず、公正なリーダーシップに努めるべき
3.	**計画策定グループと計画評価グループの独立**：計画策定とその評価を、異なるリーダの下にある完全な別グループが行うべき
4.	**複数のサブグループの設置**：検討グループは、２つ以上のサブグループに分かれ、異なる議長の下で別々に検討を進めるべき
5.	**所属組織からのフィードバック**：状況を自分の所属組織の信頼できる仲間に定期的に相談し、フィードバックを得るべき
6.	**外部意見の取り込み**：外部専門家を会議に１人以上参加させ、コアメンバーの考えに対して異論を言うよう促すべき
7.	**悪魔の代弁者（devil's advocate）**：すべての会議において、少なくとも１人は、批判的立場をとる悪魔の代弁者の役割を与えるべき
8.	**敵対者の分析**：敵対組織に関わる意思決定の場合、客観的にその組織を分析するべき
9.	**再考**：いったん最善と思われる選択で合意したら、最終的な意思決定を下す前に結論に至ったプロセスを全員で再考するべき

9. 再考：いったん最善と思われる選択で合意したら、最終的な意思決定を下す前に結論に至ったプロセスを全員で再考するべき

これらの九つを強く意識していないと、いかに人が、周囲の環境によって、簡単に（自分の意思や判断を抑えて）間違った回答を選ぶのか（同調圧力）を示す、古典的実験があります。

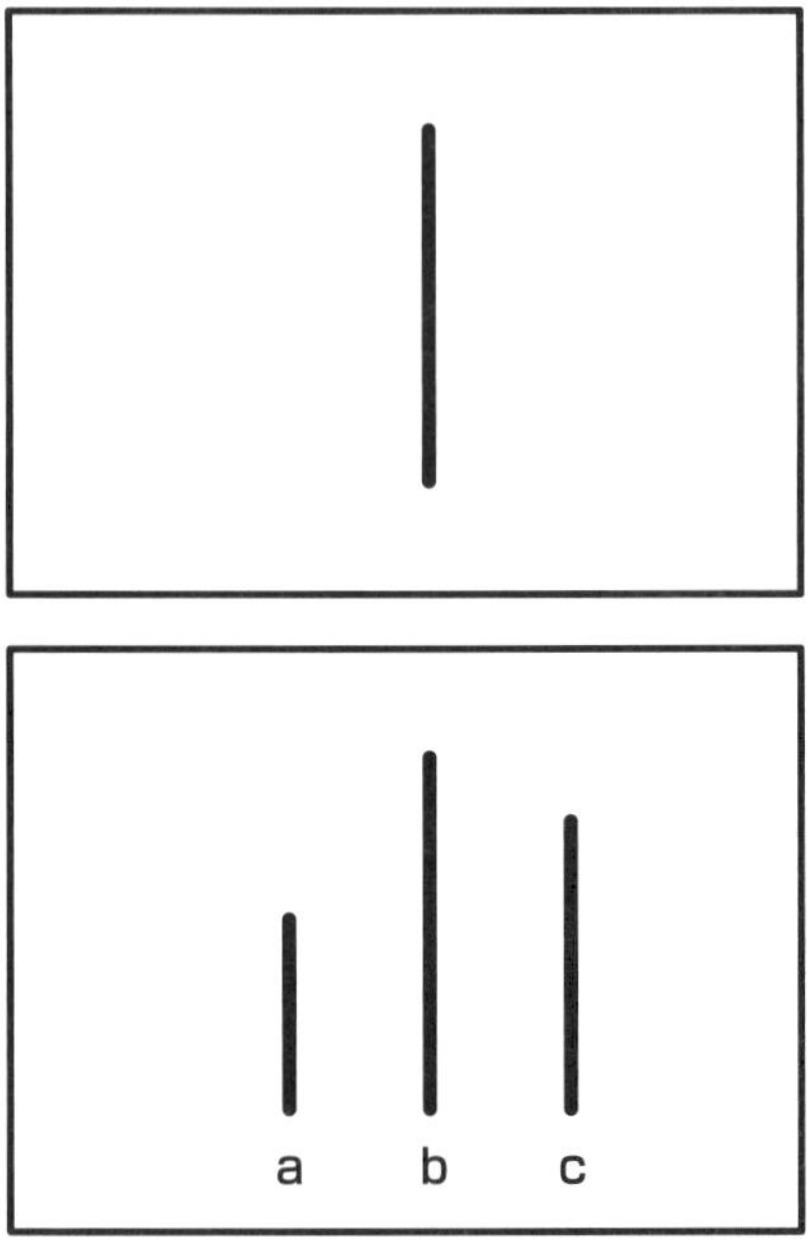

上の図を見てください。上段の線と同じ長さのものを下段から選んでください、という問題です。この実験のときに、いわゆる、サクラの実験参加者数人が、aと答えると、その中にいる一人の本物の実験参加者は、bと思っていてもaと答えてしまうということがわかっています。

面白いことに、サクラの中に、一人

だけ正解のｂと答える人がいると、本物の参加者の中でも多数派のａと答える割合が一気に五％以下まで下がることも示されています。

同調圧力という言葉を聞くと、何かしらのプレッシャーがかかるように思ってしまいますが、実際そのような圧力が直接的にはなくても、「合わせないと孤立する（排除される）かもしれない」という思いを自らつくり出すことでも、簡単に集団の間違った判断に合わせてしまう傾向があることがこの実験から示されています。

同調圧力がかかっている条件下では、脳の前頭前野や、前部帯状回という脳の場所が活発に活動していることが示されています。前頭前野は、道徳判断や他者理解など、自分の価値に基づいて社会的判断を行うときに使う脳の場所でもあり、同調圧力のかかっているときには、自分と周りの判断に食い違いが生じている中での判断を強《し》いられることで活動が活発になっていると考えられます。面白いことに、前部帯状回は、社会的な痛みを感じる脳の場所であるといわれており、同調圧力下では、集団からの排斥によって生じる社会的な〝痛み〟を感じていると考えられています。

コロナ禍《か》の際の自粛警察などは、ジャニス氏が指摘した集団浅慮の特徴のひとつである「集団を守る監視人を自認する人材の現れ」、そのものでしょう。

人の意思決定は、棒の長さを答えるという最も簡単な問題を解くだけの状況のときでも、簡単に揺らいでしまう、非常に不確かなものです。より、正しい判断をするためには、そのことを自覚し多様な情報を基に、一人できちんと考える時間が必要といえます。

熟年夫婦でも熱愛中のカップルと同量のドーパミンが出る秘訣とは？

通常、熱愛中のカップルからは「興奮」を与えるドーパミンが出ていますが、二十年以上連れ添った夫婦の中でも相手への満足度やコミットメント（深い関与・積極的な関与・責任を持った関与などを指す）が高い夫婦ではドーパミンとオキシトシンの両方がよく分泌されていたという報告があります。

アメリカの人類学者ヘレン・フィッシャー氏は、人間の男女の愛の揺らぎについての研究に取り組んだ結果、「恋愛感情は三年で冷めやすい」という結論を導き出しました。その研究結果は、書籍やテレビ番組等で多数取り上げられ、今や「恋愛三年説」は定説になるほど広く知られています。この「恋愛感情は三年で冷めやすい」とする根拠は、ドーパミンは通常数年で同じ刺激に対しては出なくなるといわれているからです。

ところが、二十年以上連れ添った夫婦でも、ドーパミンの量が熱愛中のカップルと同じだけ出ている夫婦がいます。このときドーパミンが分泌されるという表現をしますが、正確には腹側被蓋野から前頭前野にかけての活動が高くなっているのです。オキシトシンの濃度は、脳を計測するのではなく、唾液中や血液中のオキシトシンをはかっています。

この二十年以上連れ添っている夫婦で、ドーパミンの量が熱愛中のカップルと変わらない人たちの特徴は何か調べていったところ、相手への満足度やコミットメントに対してお互いに高く評価していました。夫は妻に、妻は夫に対して、感謝や愛着を持って接していたということでしょう。つまり、心のスキンシップが常時なされていたのです。

夫婦に限らず、仕事関係の相手でも、友人関係でも、長くいい関係を築くコツは、コミットメントすることにあります。

人間は、自分に対する関心が高いので、他者が自分にコミットしてくれること、それ自体に深い喜びを感じます。さらに、自分がコミットしたときに相手から評価や承認を受けることも喜びにつながります。

このときに人の心をつかむためにすべきことは、自分が誰かの助けを必要としているときに、悩みを聞いてくれたり、仕事を手伝ってくれたりしたら、どんなに近しい間柄でも面倒くさがらずに相手への感謝を必ず伝えることです。相手が困っているときは、相手が何を望んでいるのか、何を欲しているのかを見極めて、それに対して自分ができることをします。

相手を魅了し、長くいい関係を続けていくためには、この繰り返しができるかどうかが大切なのです。

第5章

好意をもたれる人がしていること

自己肯定感が高い人ほど、人間関係がうまくいく

古い友人の一人で、今医学部教授をしている人がいるのですが、若い頃から女性に非常にモテていて、年齢を重ねた今でも男女を問わずいろいろな人に好かれています。彼を見ていて感じるのは、自己肯定感の高さです。この場合の自己肯定感の高さは、自信家、自慢がちな人とは大きく異なります。ある意味、自分の魅力をよくわかっている人です。自己肯定感が高いから、自分のことを周囲の人に認めてもらう必要を感じません。そのため、自分語りや自己アピールをする必要がないのです。自己アピールをして自分を前面に押し出すのではなく、いかにその場の雰囲気や会話をうまく回すかに徹せられる人です。

自己肯定感は、「自分がどのような人間であるかを正しく知って、正しい自己認識のもと、自分のことを価値のある人間だと思う」ことを指します。

しかしながら、「あなたは、自分が価値のある人間だと思いますか？」という質問をすると、欧米では九割程度の人が、「自分には価値がある」と答えるのに対して、日本人では半数にも満たないことがわかっています。

自己肯定感の高さは、収入、配偶者の有無、孤独感の少なさよりも、ウェルビーイング（心身の健康・幸福感・達成感）が強く関係しているということを示す研究があります。また、人間関係、社会的成功、人格的成熟などの要因も影響していることが示されており、社会を適応的に生きるための〝社会的ワクチン〟ともいわれています。

それでは自己肯定感が高ければいいのでしょうか。

自己肯定感と一言でいっても、実は「随伴性自己肯定感」と「真の自己肯定感情」の二種類があることがわかっています。

「随伴性自己肯定感」は、自分に価値があると思う感覚が、社会的な成功や失敗による他者からの評価に依存しているため、安定したウェルビーイングが得られません。「真の自己肯定感情」は、周囲の評価によって変動することがなく、自分の存在そのものを認めるという感情から得られるものです。

このため、社会的に成功していなくても、他者より何かに秀でていなくても、ありのままの自分を無条件に認めてあげることで、真の自己肯定感情は高まっていきます。真の自己肯定感情が高まれば、それこそ自分のことばかり話さずに相手目線で会話ができ、相手の心をつかむことができるでしょう。

「相手が自分に何を望んでいるのか」を理解する

人は誰でも〝自分好き〟だからこそ、つい自分の基準で物事を考えてしまうクセを持っています。繰り返しになりますが、一方で、一瞬で相手の心をつかめる人は「相手が自分に何を望んでいるのか」や「今、この場で自分に与えられた役割は何なのか」という基準で物事を考えられる人です。

たとえば、ある人物が何かの取材でインタビューを受ける場合は、大抵のインタビュアーは「こういう話があるといいな」という前提で質問をしてきます。

正常に機能しているビジネスの場面において「その場で」あるいは、「その関係性において」相手は自分に対してこういう役割を望んでいるだろう、と見極めてそれに沿って対応できる人こそが人を魅了できる人です。それとは反対に、いつでも誰に対しても同じ対応をしている人は、人を魅了できる人とはいえません。ビジネスの場において、ある場面ではふさわしい態度でも、別の場面ではそぐわないということがあるからです。

「その場」や「その関係性」での自分の役割を見極めるには、その場にいる他者が自分のことをどう見ているのかで判断します。

たとえば、会社内という「場」ではいつも明るく元気よくしていることで好印象を得ているなら、会社の飲み会では場を盛り上げることに徹する。取引先との仕事という「場」では真面目で丁寧に対応することで好感触を得ているなら、その役割通りに振る舞う。同じ会社という場でも、上司、同期、部下ではそれぞれ「関係性」が異なるため、求められる自分の役割も変わってきます。もっと言うと、Aさんと自分、Bさんと自分というように個人対個人でも関係性は違うため、求められる役割は当然違います。

その場や関係性において、それぞれに求められる役割が違うという話をすると、「そんなにたくさんの役割を使い分けるなんて無理だ」と言う人がいますが、実はそんなに難しいことではありません。子どもでもある程度の年齢になれば、お母さんと一緒のときの自分、友だちといるときの自分、先生と話すときの自分と無意識に使い分けています。大人であれば、もっと多くの使い分けができますから、その点は心配いりません。

ただし、相手の心をつかむためには、どんな場でも関係性でも、絶対に忘れてはいけないのは、「相手の視点に立って、相手の意図を尊重する立場、役割に徹すること」です。

そのためには、〝自分好き〟を抑えることです。

人はともすると、「こんな体験をして面白かった」「面白いアイデアが浮かんだ」「こういうことを考えている」と自分がやったことや思ったことが先に立って、それについて話したくなる生き物です。そのときに、一歩引いて、「相手は何を考えているんだろう」、「あの人は何を言いたいのだろうか」と感じ取ることが大切です。

心理学が教える〝第一印象〟が大事な理由

戦国武将の中で、もっとも人の心をつかむことが上手かった人物として多くの人が思い浮かべるのは、豊臣秀吉ではないでしょうか。身分が低い足軽から、天下人にまで登りつめた秀吉ですが、その最大の武器は人をうまく味方につける「人たらし」だったと聞きます。

かつての主君だった織田信長との最大の違いは、信長は配下の明智光秀に恨まれて「本能寺の変」で滅ぼされてしまったのに対し、秀吉は「人心掌握術」に長《た》けた「人たらし」で、周囲の人々にも慕われていたこと。秀吉は「人の心をつかむ」才能を武器にして天下をつかんだといって過言ではないと言われています。

では秀吉は最初から、「人の心をつかむ」ことに秀でていたのかといえば、そうではなかったのではと思っています。身分が低かった秀吉には、自前の家臣団もなければ財もなかった。成り上がるためには、「人たらし」になるしか方法がなかったのかもしれません。

前置きが長くなってしまいましたが、何を言いたいのかというと、『「人たらし」』は天性のものではなく、人を魅了するスキルを身につけて、それを発揮した結果、『人たらし』と呼ばれるようになった」のだということです。もともと、人を惹きつける魅力や能力は、ほとんどの赤ちゃんは持っていると思いますが、大人になるにつれ、魅力的に見せるためのスキルを獲得していきます。つまり、「人の心をつかむ」技術は誰でも習得可能なものなのです。

他者の心をつかもうとするときに重要なことのひとつが第一印象ではないでしょうか。心理学の研究から、人は他者を評価するとき「あとから得た情報」よりも「最初に得た情報」に重きをおくことがわかっています。[*1]

人は最初に得られた情報を真実だと思い込むという特徴があるのです。

初対面での印象が「話しやすく親しみを持てる人」というものだったら、次に会ったときに、少しくらいの失敗は、相手は気づかないか、気にも留めない場合がほとんどだといいます。それくらい、第一印象は大事なものだということです。

「嫌い」は増幅する

ネガティブな事前情報は、先入観やバイアスとして相手の中に根付き、会う前からあなたに対して否定的な感情を生ませます。事前情報がまったくない状態で出会ったとしても、あなたのちょっとした言動で相手に悪印象を与えてしまうことだって十分考えられます。だからこそ、初対面の相手との対話は、とくに相手の意思を尊重することが重要です。

脳は自分にとって有益と判断したものは「快＝好き」、有害と判断したものは「不快＝嫌い」と感じます。このように脳が反応するのは、人が生存する上で自分にとって危険なものを察知してそこから逃げることが必要だったからと考えられています。

脳の中で好き嫌いの判断をする感情の中枢となっているのは、「扁桃体」という部位です。扁桃体は、大脳辺縁系の一部で側頭葉前部の内側にある海馬の前方にあって、快・不快・不安・緊張などの感情の動きによって生じる身体や心の反応を生み出すところです。

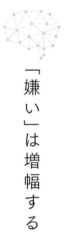

扁桃体は、見たり聞いたり、体験したことに対して、好き嫌いを判断するために、他の脳領域と密接に連絡を取り合っています。一目ぼれをしたとき脳はどのように働くのかというと、いいなと思う人を見たときに、中脳の腹側被蓋野からドーパミンが放出され「好き」と判断します。「嫌い」という感情も、扁桃体が一五ミリ〜三〇ミリ秒くらいの速さで有害だと判断したら嫌いとなります。

実は、感情と記憶は密接に関わっています。扁桃体の横にある海馬では、見たり、聞いたり、触ったり、味わったりした体験が快だったのか不快だったのかを保存していきます。

海馬を中心とした神経ネットワークで、感情と記憶に関与する回路のことをパペッツ回路といいます。

パペッツ回路は、帯状回―海馬―脳弓を経て、乳頭体、視床前核、帯状回、海馬傍回を巡ってまた海馬に戻ってきます。ネガティブな経験は「嫌い」という感情を記憶に強く残し、増幅させていきます。

強い感情刺激のほうが記憶に刻み込まれやすいという特徴を持っているのですが、「好

パペッツ回路 海馬を中心とした神経ネットワーク。海馬、視床、帯状回などを通り海馬に戻る記憶の回路

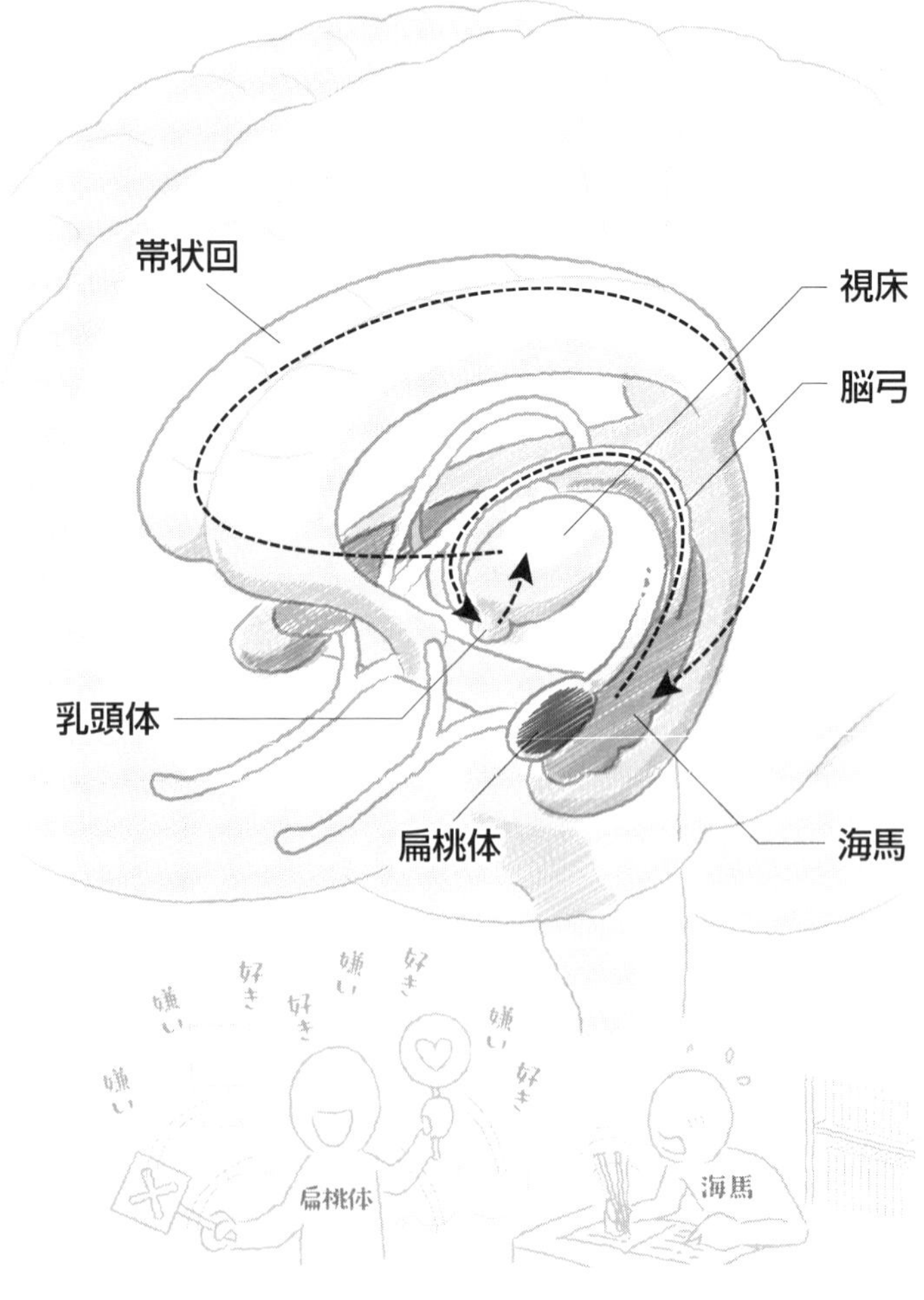

き」という感情より「嫌い」という感情のほうが強い刺激であるため記憶に残りやすくなるといわれています。好きとか楽しいとか幸せといったポジティブな感情は、時間の経過とともに慣れてきて順応してしまうのですが、嫌い、恐怖といったネガティブな感情は慣れることが少なく、強い刺激として残りがちです。

まとめると、扁桃体は記憶を参考にして好き嫌いを判断して、一度、危険な人物（＝嫌いな人）と判定されたら、自分の身に危害が及ばないように、記憶にその人物の嫌なエピソードや印象を刻み込んでいきます。

脳をコントロールして「嫌い」を「好き」に変える

これだけ強く記憶に刻み込まれてしまった「嫌い」を「好き」に変えることなんて果たして可能なのかと思うかもしれませんが、第一印象が「最悪！」と思った人でも、いつの間にか好きになってしまっていたという場合もあるのではないでしょうか。

では、どうして「嫌い」が「好き」に逆転することが起こりうるのでしょうか。

好き嫌いは変えられないものだと思っている方も多いかと思いますが、実は「好み」は操作することができるのです。そのことを示した実験があります。

好き嫌いに関わる高次脳領域（帯状回）にニューロフィードバック技術（Decoded Neurofeedback, DedNef）を用いて、好き嫌い両方の好みを変化させるという実験です[*2]。ニューロフィードバック技術とは、被験者の脳の活動に関する情報を、被験者自身がリアルタイムに確認できる技術のことです。

被験者に、複数の人の顔写真を見てもらい、「好き」「嫌い」の評価してもらいます。このときの脳活動をはかると、帯状回が活性化するときは「好き」の評価が起こり、帯状回の活動が低下したときには「好き」の評価が出にくくなりました。

次に「嫌い」と感じた顔写真を見せながら、どのような方法でもいいので自分の脳活動を変化させて、目の前のモニターに映し出された「緑の丸を大きくしてください」と伝えます。好きの方向に操作したい人たちについては、帯状回の活動の推定値を大きくするにつれて緑の丸を大きくする仕組みになっていますが、被験者には伝えられていません。また、どうすれば緑の丸が大きくなるのかも説明されません。

被験者は、緑の丸を大きくする理由も方法もわからない中で、緑の丸を大きくしようと試行錯誤します。ところがしばらくトレーニングしていると、帯状回の活動を自らの意思でコントロールできるようになり、緑の丸を大きくすることができるようになります。

その後、「嫌い」と感じた顔写真を見せると、「好き」に変化したというのです。これは、緑の丸、つまり、自分の脳の状態を自分でコントロールしたことで、好みを変えることができたためと考えられます。

人の好き嫌いは、記憶を通して脳に刻まれるものですが、「嫌い」と思っていても、脳の状態を変えてしまえば簡単に「好き」に変えさせることができるということです。

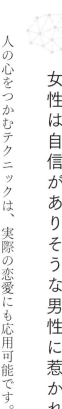

女性は自信がありそうな男性に惹かれる？

人の心をつかむテクニックは、実際の恋愛にも応用可能です。

ここでは、恋愛ホルモンと呼ばれる「フェネチルアミン」について解説していきます。

フェネチルアミンは、全身のホルモンのコントロールセンターの役割を果たしている脳下垂体という部位から分泌されるホルモンで、異性に好意を持ったときや気分が高揚すると分泌されます。

フェネチルアミンの分泌はドーパミンの分泌を促すほか、交感神経を刺激し、心拍数や血圧を上昇させ、発汗を促します。このような身体の変化が、恋をしたときのドキドキやときめきの正体ではないかと言われています。

さらにフェネチルアミンの分泌によってドーパミンが放出されることで、脳内は「恋は盲目」状態になります。ドーパミンが分泌されると、判断の中枢である前頭葉の機能が低下し、冷静に相手を判断することができなくなります。

つまり、前頭葉が機能しなくなり扁桃体に支配されることで恋人の良し悪しを冷静に判断できなくさせ、相手を否定する感情もおこらなくなるため、恋人にのめり込んでしまうという図式ができあがります。

アメリカの研究機関の調査によると、「肩や腕を大きめに広げてどっしりと座る」「身振り手振りなどのジェスチャーが大きい」など、自分に自信がありそうな態度を取っている男性は女性にとって魅力的に映るとしています。

男性同士のコミュニケーションにおいては、より立場が上であるような振る舞いをしている人のほうが女性に選ばれやすいといいます。たとえば、「男性が他の男性の肩を叩く肩タッチ」という行為は、タッチした側の男性はタッチされた男性よりも立場が上であることを示しています。部下から上司の肩を叩くことはできないけれど、上司が部下の肩を叩くことはできる、ということは想像できます。

メスは本能として、強いオスに惹かれるようになっています。現代における強いオスとは、社会的地位の高さを意味しますから、社会的地位の高そうな態度を示す男性を見ると、女性は本能的に察知して惹かれます。

男性が女性を魅了する方法は、もうひとつあります。「気になる女性への目線外し」というテクニックです。声をかける前に一度視線を合わせて、その視線を外すという行為を何回か繰り返します。

この方法はバーでのナンパの成功率を上げる方法として、実験[*3]で実証されたものです。進化心理学では、男性は選ばれる側で女性は選ぶ側となっています。選ぶときに女性は慎重に行うため、初めて見た相手は選ばないといわれています。

そのため女性に初めて話しかける前に、目を合わせていた回数が多い人のほうが女性に選ばれる可能性が高いのです。女性に声をかけたという意味では、ファーストコンタクトだったとしても、それ以前に視線を合わせることで女性の意識にのぼっていたので、女性としては初めて見た人ではなくなるため、相手を受け入れる余地が広がると考えられています。

相手の動作を真似すると好意を持たれる「カメレオン効果」とは？

社会心理学において、人は無意識に他者の態度や行動を真似して、真似された人は真似した人に対して、良い印象や好感を持つことが知られています。これをカメレオン効果[*4]といいます。第2章のペーシングにおけるミラーリングと同様のことを指します。

カメレオン効果を証明する有名な実験は、ニューヨーク大学のターニャ・チャートランド氏らによって一九九九年に行われました。実験では、ペアで十五分間会話を行ってもらいました。その際、ペアの片方には相手の姿勢を真似るように指示し、もう片方には何も指示を出しませんでした。その後、ペアになった人の好感度を調べてみると、何も指示されなかった人は、しぐさや行動を真似した相手に対して七三%が好意を持ったといいます。一方、姿勢を真似るように指示された人が、何も指示をされなかった相手に対しては、六五%しか好意を持たなかったという結果になりました。この結果から、相手としぐさや行動などを合わせながら会話を進めていくことで、相手からの親近感や好意を引き出しやすいことがわかりました。

相手の心をつかむ人は、真摯に相手と対峙しているために、自然と無意識のうちにカメレオン効果となる行動をしていることが多いのですが、まだその領域に達していない人はテクニックとして使いましょう。

相手が足を組みかえたら、あなたも組みかえる。

相手が目の前の飲み物に口をつけたら、あなたも同じタイミングで飲み物を飲む。

相手が手元の資料に目を落としたら、あなたも同じようにする。

相手と同じタイミングで、同じ動作をすればいいわけですから、決して難しくありません。相手の意図を汲みながら会話をすることに慣れてくれれば、ほとんど無意識で行えるようになります。できることなら、自然な流れの中で行えるようにしておきましょう。

慣れないうちは、逐一相手の動作を真似てしまいがちですが、これをやっていると相手に気づかれてしまい不信感を持たれてしまいますから、相手に気づかれない程度に行うように心がけましょう。

相手の〝自律性〟を促す「プロセスエコノミー」の仕掛け

「プロセスエコノミー」という考え方を最初に言語化したのは〝けんすう〟の名で知られる実業家の古川健介さんです。

プロセスエコノミーとは、商品や制作物といった完成されたモノを売るだけでなく、それらを生み出すプロセス自体で収益を得ることをいいます。

プロセスエコノミーが注目されるようになったのは、低価格で高品質な商品やサービスが溢れる今の時代において差別化を図るのが難しくなってきたことから、商品などの開発や制作過程といったプロセスに価値が見出されるようになってきたという背景があるようです。また、プロセスエコノミーが消費者に受け入れられていったのは、商品やサービスをただ消費するのではなく、購入や投資を通してサービス提供者を応援したいという思いがあると聞きます。要は、完成した商品そのものよりも、その背景にあるストーリーへの関心や共感が消費を促す重要なポイントとなるということです。

このプロセスエコノミーの考え方には、人の心をつかむ要素が詰まっています。プロセスエコノミーを、事例を使って説明しましょう。

プロセスエコノミーの事例としては、オーディション番組、クラウドファンディング、ライブ配信などがあります。このすべてを行って成功したのが、今や世界的なアーティストとなった韓国の男性アイドルグループ「ＢＴＳ」です。

アイドルのオーディション番組では、オーディションの過程などアイドルグループ結成のプロセス自体を番組として放送・配信することで、視聴者にアイドル誕生までのストーリーへの関心や共感を持ってもらいやすくなります。関心や共感が生まれると、視聴者はオーディション参加者に感情移入するようになり、デビュー後も応援し続けたいと思う人が多いといわれています。


ＢＴＳの飛躍を支えたプロセスエコノミーの仕掛けは、まさに心をつかむテクニックといえます。まずはデビュー前のプロセスを物語としてファンと共有したことで、ファンの中に「自分が育ててあげたい」という応援する気持ちを芽生えさせたこと。次に、クラウドファンディングで広告を出し、ＳＮＳでＢＴＳの情報を発信するなど、ＢＴＳのことを世の中に知ってもらうための普及活動をファンが自らの意思で行っていたことにあります。

プロセスエコノミーと同様の事例としては、さまざまな商品開発の場においても活用されています。多くの企業が、商品の制作過程を企業のオウンドメディアなどにアップして、ファンの心をつかむことに成功しています。自動車メーカーは、商品開発の際にプロトタイプの画像や開発過程を先行公開して、消費者が発売と同時に購入に至る仕掛けをつくっていると聞きます。

ドーパミンは、「何かいいことがあるかも」と感じたときと、実際に「予想を上回る刺激」があるときに分泌されるのですから、「プロセスエコノミー」の仕掛けは理に適《かな》っているといえるでしょう。

第6章

「心をつかむ人」は、なぜいつも前向きなのか

前向きで意欲のある人はなぜ魅力的なのか

実年齢よりも若く見える人と老けて見える人の差はどこにあるのでしょうか。

その一つは「意思力（ウィルパワー）」ではないかと思っています。

いくつになっても新しいことに挑戦したい、という前向きな意欲を持っている人は誰から見ても魅力的に映ります。なぜなら、そのための労力を惜しまないからです。新しいことに挑戦するために学ぶことを厭《いと》いませんし、若々しくいるために、運動を習慣化したり食事に気をつけるなど、意欲的に努力し続けることができます。


意欲的に努力を続けられる人、つまり「意思力」が強い人はどのような人でしょう。そこで私が試みたのが、さまざまな物事に意欲的に取り組み続けられる人と、飽きっぽい人との脳の違いを明らかにすることでした。

具体的にいうと、ｆＭＲＩ（磁気共鳴画像診断装置）で撮影した脳の構造画像から、前頭葉の一部の「前頭極の体積」や、前頭極と脳深部を結ぶ「神経線維（軸索）連絡の状態」を数値化したところ、学習への取り組みを継続できるか否かを約八〇%の確率で予測できることがわかりました。

つまり、前頭極の体積が大きく、前頭極と脳深部を結ぶ神経線維連絡が太い人ほど、継続して学習することができることがわかったのです。学習を最後までやり抜くには、本人の「意思力」が大きく関わっているという、その「意思力」には脳の構造が関係していたのです。

この実験では、四カ月間の英語語彙学習のオンライン教育プログラムを四七人の被験者に実施しました。学習を最後までやりきった人は、四七人中、二四人でした。やりきった人と、途中で挫折した人の脳を比べたところ、前頭極の構造が違ったのです。

そして、これが英語学習に特有のことなのかどうかを調べるために英語以外のトレーニング実験も行ってみました。

ひとつは、遂行能力を見る「ハノイの塔」です。三本の杭のうち、一番左の杭に七枚の円盤（中央に穴が開いていて、それぞれ大きさが異なる）が積まれていて、最終的にそれらをすべて一番右の杭に移動させるタスクです。一回につき一枚ずつ移動させることができますが、小さい円盤の上に大きい円盤を乗せることはできません。最短で円盤を一二七回

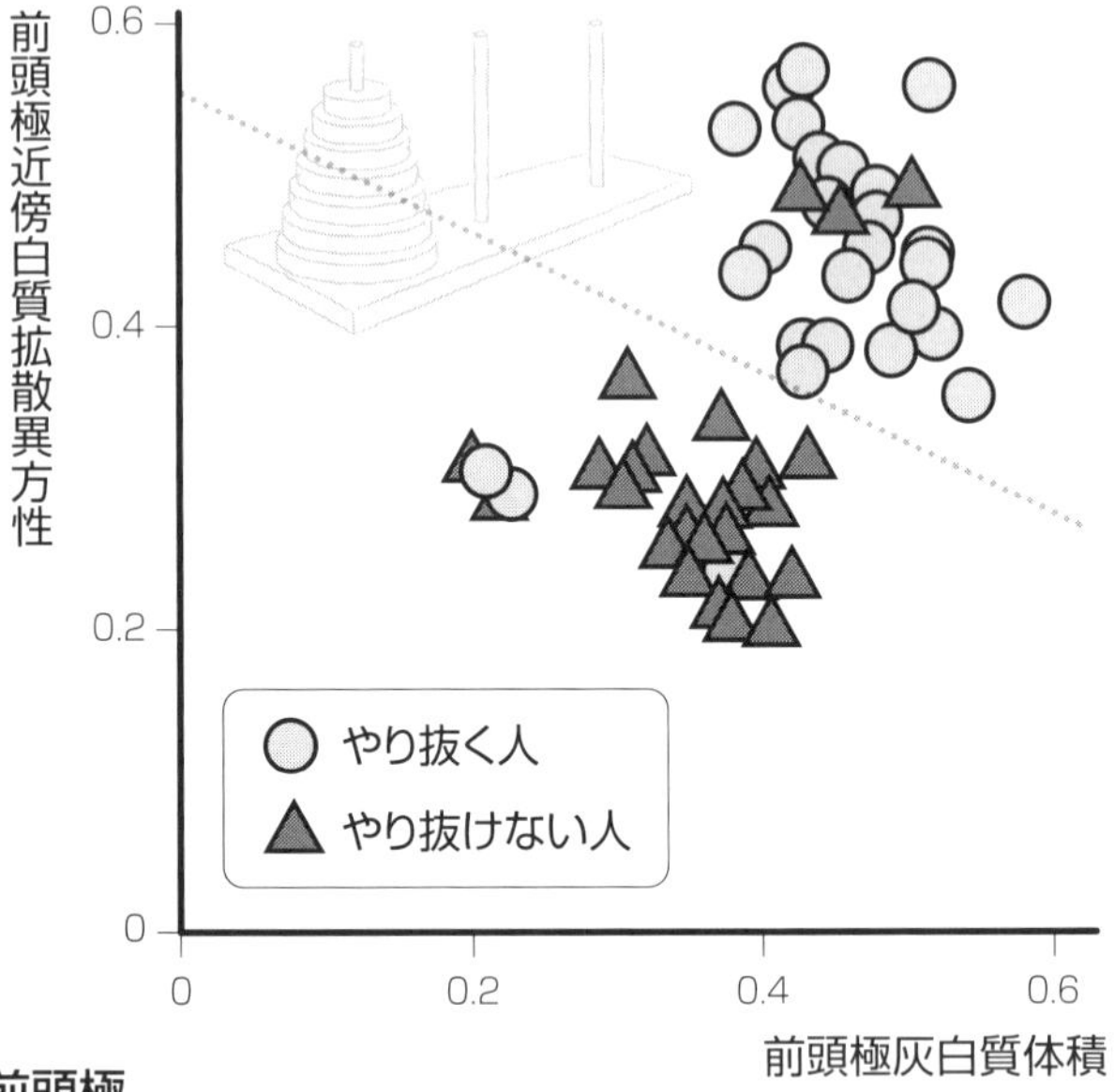
前頭極近傍白質拡散異方性
0.6
0.4
0.2
0
0
0.2
0.4
0.6
前頭極灰白質体積
やり抜く人
やり抜けない人

前頭極
(Area10)

動かせば完了するのですが、大抵の人はもっと回数が必要です。
結果、事前にルールを説明した上でやる気がある人だけを集めても、やはり半数くらいは「できないので、やめます」と途中で脱落してしまいました。このような現象は、運動学習でも見られました。

このように、いろいろなトレーニングを最後までやり抜いた人とそうでない人の脳を比較したところ、英語学習のときと同じように、学習開始時点で前頭極の発達に違いがあったのです。

前頭極の発達を見れば、九〇%くらいの確率で、その人が最後までやり抜く人なのか、途中で脱落してしまう人なのかを予測できることがわかりました。

「スモールステップ」で前向きな気持ちでやり抜く

脳の構造を見れば、その人にやり抜く力があるかどうかがある程度わかってしまうわけですが、「自分の脳は前頭極が小さいからやり抜く力がない。だから何をしても続かないんだ」と考えるのは間違いです。もともとやり抜く力が弱い脳でも、学習のやり方次第で大人の脳でも最後までやり抜くことができるようになります。

その学習法のひとつが、「スモールステップ」です。

スモールステップとは、最初から高い目標を設定するのではなく、目標を細分化して設定し、小さな目標から少しずつ達成していくことで、最終的な目標に近づいていく育成手法のことです。

私が研究で行ったのは、被験者にスモールステップのグループと通常の学習グループの二つに分かれてもらい、タイピングを覚えてもらうというもので、一日一〇個ずつ覚えてもらうことを一カ月続けて、最終的には二八〇個覚えてもらいます。そのときに、スモールステップのグループは、一〇個覚えた時点で「一〇個達成おめでとう」と言って、一〇個達成できるたびに承認をしてあげることをしました。通常の学習グループでは、承認せず、日々増えていくタイピング回数をひたすらこなして、その日のノルマ（たとえば、三日目なら三〇個間違えずに打てるようになる）を達成するまで行いました。

その結果、スモールステップのグループはほとんどの人が脱落せずに最後までやり遂げることができた一方で、通常の学習グループは半数近くが脱落しました。学習前と学習後に脳の前頭極を調べたところ、スモールステップグループは学習後に前頭極の灰白質体積が増えており、通常のグループは学習前と変わりませんでした。

目標を細分化し、目標を達成するごとに承認を与えることで、やり抜く力が弱いとされた脳の人でも実際にやり抜くことができ、脳の構造も変化しました。承認されることでこれだけの結果が出たのは、承認されるたびに脳の報酬系が働いてドーパミンが出たことでモチベーションを維持できたからだと考えています。

大人の場合は、目標を達成しても褒めてくれる人はなかなかいないかもしれません。そういった場合は、自分で自分を褒めて承認してあげましょう。そうすることでも、他者から承認されたときと同様の効果が期待できます。

できたことを何度も認めることでやり抜く力を伸ばすやり方は、多くの人に効果がありますが、他の人と競争するほうが伸びる人もまた大勢います。どの方法が向いているのかは、その人の個性によるものなのです。

通常の学習をした場合：前頭極構造の変化なし

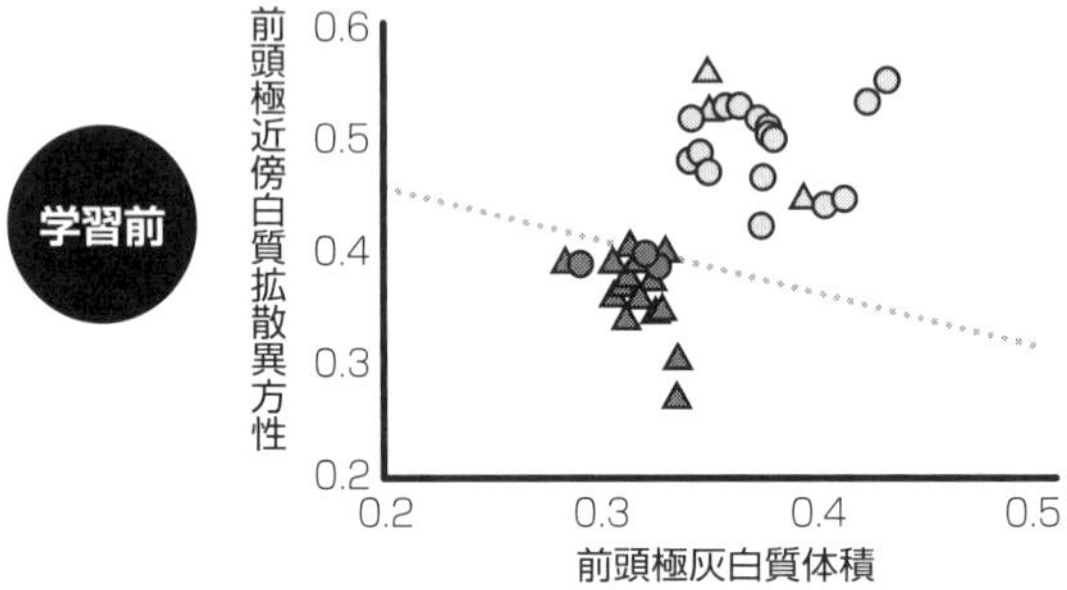

◉通常の学習実施

最後までひたすらやり抜く

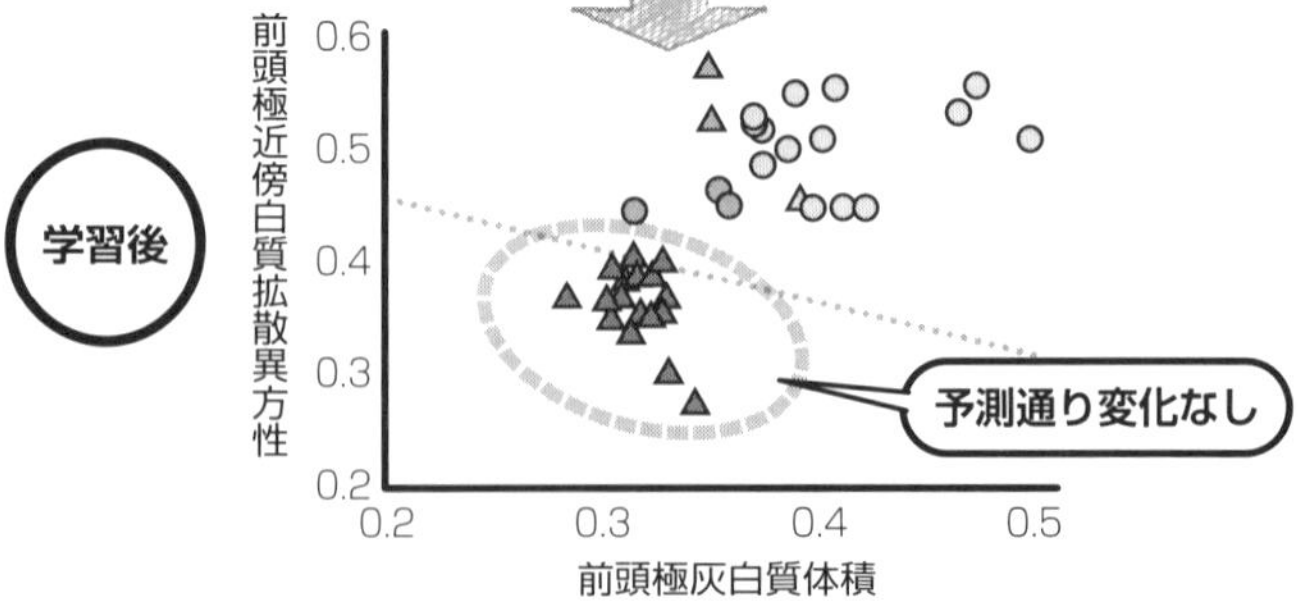

“達成できる”小目標の積み重ねやがやり抜ける脳に変える

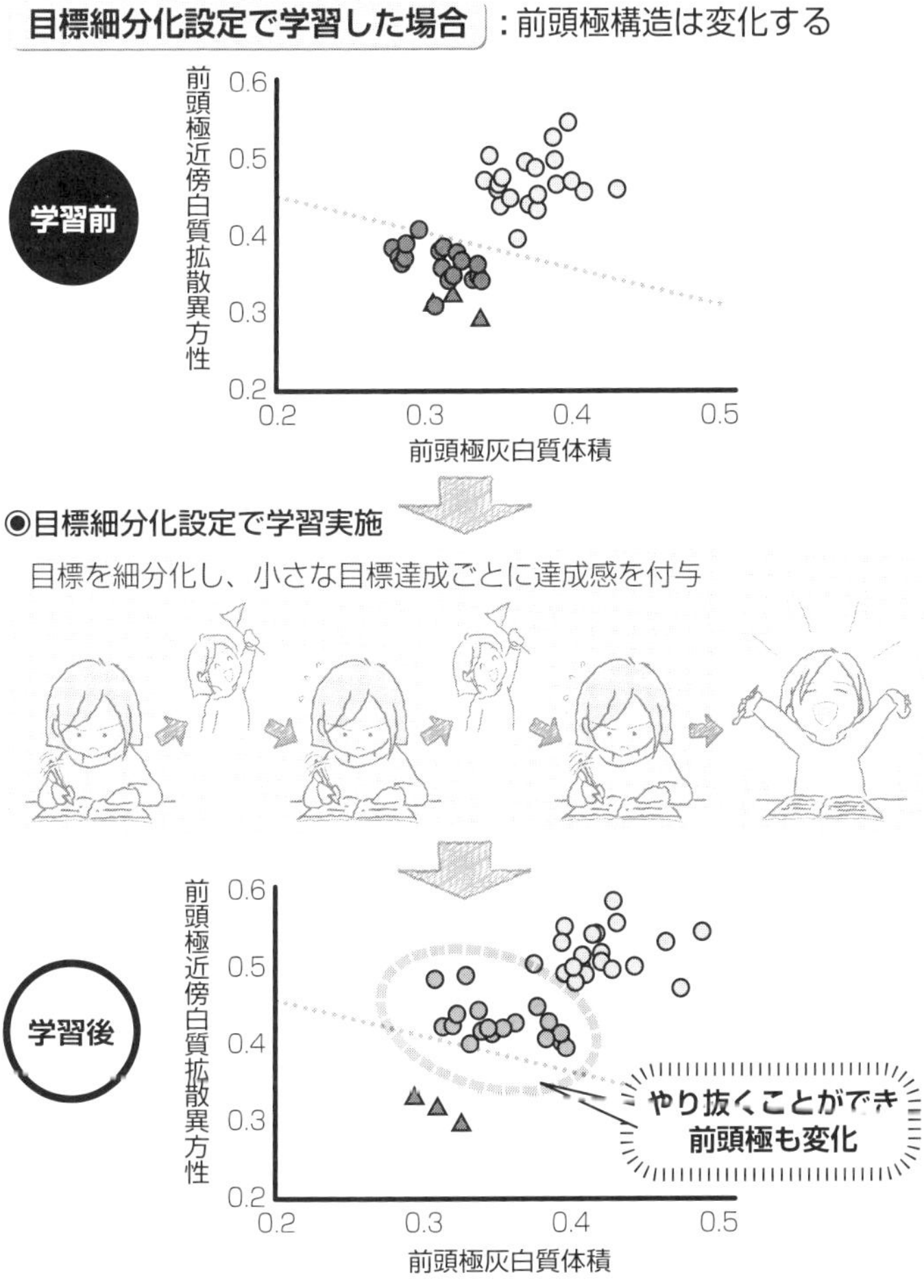

数学能力が高く、自信のある人は、年収約一〇〇〇万円の優位性を持つ

「心をつかむ人」とは、前向きで常に人によい影響を与える人であることは述べました。

また、「心をつかむ人」にとっては数学的能力が必要かもしれません。数学的能力があれば、ビジネスなどの重要な局面でより正しい判断を行うことができます。非合法の詐欺なども、数学的知識があれば避けることもできます。

そして、数学の能力に自信を持っていることが重要であることを示す研究もあります。オハイオ州立大学心理学部の教授が、四五七二人に数学のテストを実施しました。そのとき、数学能力に自信を持っているかのアンケートを実施しました。その結果、「数学能力が高くて数学に自信がある人」は「数学能力が高いのに、自信がない人」に比べて、年収に換算すると九万四〇〇〇ドル（約一〇〇〇万円）相当の経済的な優位性を持っていたことを示しました。ただしこれは、単純な年収ではなく、クレジットカードの使用状況やローンの有無、投資の運用状況などから総合的に算出した数値です。

さらに、全身性エリテマトーデス（ＳＬＥ）の治療を受けている患者に対して、同様に

数学のテストと自信に関するアンケートを行いました。その結果、ＳＬＥ患者らの症状の勢いである疾患活動性が、「数学能力が高くて自信もある人」では低く、「数学のスキルはないが自信だけはある人」では、疾患活動性が高い割合が四四％もありました。

これらの結果から、数学に対する苦手意識がない人は、数字を扱う問題に直面したときにあきらめづらいことや、薬の効果とリスクを正しく理解して用法と用量を守ったり、健康保険などの制度を活用して適切な治療を受けたりできる傾向にあると指摘されています。

また、数学的スキルと失業率・生産性・健康の間には相関関係があるというＯＥＣＤの調査結果があり、国民の数学の能力の低下は国際的な競争力の低下を意味する、という見解もあります。

脳科学的に数学が得意になる方法

オハイオ大学が、約六〇〇人の双子を対象とした研究から、数学に関する能力や自信は、約四〇％が遺伝で説明できることを示しました。四〇％が高いか低いかは難しいところですが、残りの六〇%については、指導者や学び方といった環境によって、その能力や自信が決まっているのです。

数学が苦手な人は、数学が得意な人に比べて、脳の中の背側前頭前野というところの活動が低いことが明らかにされています。また、算数に苦手意識が高い子どもでは、算数の問題を見たときに脳の扁桃体という恐怖を感じるところの活動が高まることも示されています。

背側前頭前野という脳の部位を刺激すると、数学に対する苦手意識が減り、数学の能力が上がることがわかりました。ここでのポイントのひとつは、数学に対するコンプレックスや不安感を減らすことに成功したということです。この背側前頭前野の活動が高まったことで、数学に対する不安を抑制できたためと考えられています。

数学の勉強と聞くと、数式や問題を解くことばかりを連想し、「高度な数学の概念を理解しましょう」と言われると身構えてしまう人のほうが多いでしょう。ところが、図形や模様などの中に繰り返されるパターンを見つけ出すことや、立体的な構造を理解することなどにも、実は数学の概念が隠れていたりします。裁縫が得意、立体パズルやＤＩＹで組み立てるものが得意、といった人たちは、実は高度な数学概念を理解している可能性があるのです。

重要なことは、理系だから文系だからということで、自分の可能性や視野を狭めてしまうこと、あるいは、コンプレックスによって、数学的に虚飾されたものに簡単に騙されて、重要な判断を誤ってしまうことを避けることでしょう。

高収入遺伝子の発見

「先天的なブ男でも後天的な努力で勝ち取れるのがお金持ち。だとしたら、私の選び方（お金持ちを選ぶ）のほうが、より公平な評価ができると思わない？」。昔流行ったドラマの主人公が言ったセリフです。

この内容への感想はさておき、収入は努力次第、というのは果たして真実でしょうか？

実際、多くの人は、〝収入は、遺伝子が関わっているわけではなくその人の努力によるもの（資産家など特殊な場合を除く）〟と思っているはずです。ところが、遺伝的要因と収入の関連性については多くの研究がなされており、その関連性が示唆されています。

そして、Nature Communicationsという科学誌に、〝約二九万人のゲノムを探索し、高収入に寄与する一四九個の遺伝子座を発見した〟ことが発表されました。つまり高収入を得る人は、高収入遺伝子を持っていたというのです。

能力、性格といったさまざまな形質は、親から受け継いだ「遺伝要因」と、生活や教育といった「環境要因」の両方の影響で決まります。重要になってくるのは、遺伝と環境がどのぐらいの比率で影響するのか、というところです。

双生児などを用いたこれまでの研究では、音楽の才能は約九〇%、スポーツの才能は約八〇%が遺伝の影響と報告しているものもあります。気になる頭の良さ、については、児童期が約四〇%遺伝の影響を受けるのに対し、成人期初期には約七〇%の影響を受けるという指摘があります。つまり年齢が上がるにつれ、遺伝的要因は強く現れやすくなるということです。

これは、子どもの頃のほうが、親の与える環境による影響を強く受ける一方、大人になるにつれて自分自身の遺伝的な素養にあった環境を自分で選んでいき、遺伝的な素質がより表に出やすい状況になるため、と解釈されています。

日本人の双生児約一〇〇〇人を対象に、二十〜六十歳の男性について、収入に対する遺伝の影響が年齢でどう変化するかを調べた研究があります。その中で、収入に対する遺伝の影響は、二十歳で二二・七%。その後、三十歳で三八・二%、四十歳で五六・五%とどんどん上がり、四十三歳で五八・七%とピークを迎えます。その後は、五十歳で五二・三%と下がっていきます。

普通に考えれば、双子といっても大人になるにつれ取り巻く環境は変わってくるので、収入も年齢に応じて遺伝の影響は少なくなる、と思いがちですが、現実は大きく異なるのです。つまり、新入社員にくらべ、三十代、四十代と年齢が上がるほどに、「仕事ができる・できない」が分かれてきて、そこには、遺伝的影響が現れている可能性が高いということなのでしょう。しかし、この研究結果は、男性に限るというのです。

上記同様の研究において、女性の場合には、生涯にわたって収入における遺伝的影響はほぼない、という結論が出ています。原因は、就労している女性と就労していない女性を区別せずに研究対象としているためです。

さらに、遺伝的に高い収入を得られる可能性がある人も、なんらかの理由（おそらくは、就労していないか、パートタイム）で、収入が少ない、という人を多く含んでいると考えられます。つまり、生物的な性差で収入への遺伝的影響が少ないということではなく、女性の社会進出の在《あ》り方を反映した結果なのです。

今後の研究では、男性よりもバラエティに富む女性の生き方について検討した上での研究（正規雇用の女性労働者や専業主婦などを分けるなど）が必要になってくるでしょう。一方、そのような研究上の配慮をする必要がないくらいに、高い収入を得られる可能性を秘めた女性が、家庭との両立等に縛られることなく男性と同様に社会進出し、その能力を発揮できるような社会システムを構築することも急務だと思います。

遺伝要因が同じ一卵性双生児で、育った環境も同じ場合に、教育歴が違うと収入がどの程度異なるかを調査した研究があります。その結果、複数の研究から、「教育的投資を行った場合、収入に対する影響は一〇％程度」という結論が出ています。一〇％と聞くと、少ないという印象を受ける人も多いかもしれませんが、より良い教育環境を与えることが、一〇％も収入に与える影響があるというのは、非常に大きな影響といえます。

もうひとつの重要なことは、どんなに遺伝的に有能なものがあったとしても、努力無しには発揮されない、ということです。実際、貧困層に生まれ教育環境が良くない場合には、どれだけ優秀な遺伝子を持っていても、能力が発揮されないということも示されています。

一連の研究からいえることは、少なくともこれらの研究がなされていたそれほど昔ではない社会においては、遺伝的に知能レベルが高くなる傾向の人が、収入も高くなるような社会であるということです。社会の体制、社会の評価基準が変わってくれば、これらの研究結果は異なるものとなってくるかもしれませんが、いずれにしても自分の持って生まれた素質が花開くように自分自身をスキルアップさせる意思を持ち、そのような環境に身を置くことが大事です。大人になるにつれ「経験値や専門性がついてきた」「忙しい」「もう先が見えている」などと言い訳をして手抜きをしがちですが、それではいけないのです。

「何があっても絶対大丈夫」という気持ちが前向きな意欲につながる

人は自分が経験した過去の体験に基づいて、いろいろなことを判断しています。それが意識的なものであれ、無意識的なものであれ、過去の経験に照らし合わせているのです。たとえば、自分と気が合う人、合わない人の判断も、過去に自分が会った人たちとの経験に基づいて決めていますし、自分がやれること、やれないことの判断も過去の体験を参照して判断しています。

そういう意味では、過去にどういう体験をしてきたかが、未来を決めると言ってもいいくらいですから、意欲的に生きるためには、どんな些細《ささい》なことでもいいので成功体験を経験することが大事です。

たとえば、新たに配属された部署で先輩から引き継いだ顧客との関係がうまくいかなかったために、売り上げ目標を達成できない事態に陥ったとします。そこで事態を打開しようと、先輩をはじめ今まで担当経験のある人たちに何度も相談し、自分でも顧客の市場分析を改めて行い、顧客の理解を深める努力をした。その結果、顧客と円滑にコミュニケーションが取れるようになり、最終的には顧客からの大型受注が決まった。

こういった困難な状況に直面したとき、その状況を何とか打開できたという成功体験は、仕事をしていく上で大きな自信につながります。次にトラブルが起きたときでも、過去の成功体験から「あのとき、乗り越えることができたんだから今度も大丈夫だ」と〝やる気〟が湧いてきます。正確には、「やる気」というよりも、「私ならやれる」という自己肯定感情が湧いてくるということです。

成功体験を経験する上で大事なのが、「失敗と成功がセット」になっていなければならないこと。失敗の経験だけで終わってしまうと「負の経験」になってしまうため、次に向けて頑張ることができなくなってしまうからです。人生には当然、挫折はあります。けれども、その挫折を乗り越えることができたという成功の体験が、生きる上での意欲につながるのです。

とはいえ、失敗を経験した後に、必ず成功がついてくるわけではありません。中には、失敗で終わってしまうこともあります。たとえば何度、企画を出しても全然通らないため、やる気をなくしてしまった。それでも、企画を出し続けなければならない場合も出てきます。

そういうときは、どう対処すればいいのでしょうか。

実は、「私ならやれる」という自己肯定感情は、失敗した経験と同じことで、成功しなくても持てます。企画が通らなかったという失敗経験を、企画が成功したことで乗り越えなくてもいいのです。企画とは全然関係のない、別のことで成功した経験であっても、成功体験になってその人の自信につながります。企画は通らなかったけれど、たとえばＴＯＥＩＣ（英語力をはかる世界共通テスト）で高得点を取ったとしたら、それがその人の自信になります。

自信がある人・ない人という話になったとき、数学は苦手だけど英語は得意というふうに細かく分類していけば、それぞれに得手不得手は出てきますが、自信がある人は全体的に自分に対して自信を持っているものです。おおざっぱに言ってしまえば、「自分は何があっても絶対大丈夫」だという自信を持って生きています。そういう自分への自信や信頼感が、次の経験への意欲にもつながってくるのです。

ですから、ひとつのことで失敗しても、別のことで成功体験を積んで自信をつけていけば、総和として自分に自信が持てて生きる意欲が湧いてくるものなのです。

人を魅了する人は、自分の得手不得手を理解しつつ、前向きに生きている人に他ならないのです。

おわりに

最後までお読みいただきありがとうございます。

本書のテーマである「人の心をつかむ」ことについて出版社の方からお話があったとき、幾分か迷いがありました。

なぜなら、「はじめに」で触れましたが、私自身が決して積極的に人間関係をつくるような性格ではないと自負していたからです。小学校から大学を卒業して現在に至るまで、どちらかというと目立つことは好きではなく、授業中も決して自分から手を挙げるような子どもではありませんでした。いまだに、仕事の集まりの中で、積極的に人に声をかけることを躊躇することが多くあります。

しかし、編集者の方とお話しするうちに、逆にそんな私だからこそ、書くことのできる「人の心をつかむ方法」があるのではないかと考えたのです。

つまり、「人を欺《あざむ》く」「人を出し抜く」といった類《たぐい》の内容ではなく、人見知りで内気な人や、人間関係が苦手な人でも少し言動を変えることで人に協力してもらえて、その結果、仕事を円滑に進められて、日常生活も豊かにする方法があるのではないかと思ったのです。

私は、東北大学に着任することをきっかけに、子ども三人を抱え、仙台に引っ越しました。東北大に着任するまで、私にとって仙台は縁もゆかりもない土地でした。研究では、「ウェルビーイングな学びの実現」というテーマのもとに、神経科学、医学、言語学、教育学、社会学、心理学、情報科学と、文理融合の多分野の視点から研究を行ってきました。

ワークライフバランスについてはまだまだ課題が山積しています。母親がキャリアを追求することで、子どもが寂しがったりしないか？　子育てで巻き起こる予測不能なさまざまなことを、仕事をしながら対応し切れるのか？　いまだに悩みは尽きません。ただ、そこで、親子を救ってくれるのは、他でもない、信頼できる人とのつながり、だということを痛感しています。本文中に記載したように、〝同じ土俵〟ではない、さまざまな立場の人が、お互いの存在そのものを認め、困ったときに助け合える緩やかなつながりをつくることは、すべての人のウェルビーイングに関わってきます。仙台に来て、私の代わりに子どもを叱ってくれたり見守ってくれる他者の存在、私のことを気にかけて助けてくれる同僚にどれだけ救われたかわかりません。その経験をもとに、今、私の研究室では「ウェルコミュニティー」を発足し運営しています。

そのような人同士のつながりや制度も「相手の存在を認め、関心を持つ」という他者を尊重し合う想いから発展したものに他なりません。

仙台に来るまで、実は不安で仕方なかったのですが、三年を迎えた今「案ずるより産むがやすし」という言葉を実感しているところです。

子育てと研究者としての日々をサバイバルしている中で、水泳を趣味のひとつにしています。水の中に入ると、いろいろな悩みがクリアになる感じがとても好きです。煮詰まった頭も、一回リセットされます。

研究者の先生方を拝見していると、素晴らしい研究業績を上げている傍《かたわ》ら、旅や食、お酒を愛するなど、研究以外にも多彩な趣味を持ち、魅力的な生活をしている人が多いように感じています。それに比べて自分はまったくゆとりのない日々でダメだなと思うことが多いのですが、そんなときこそ水の中に入ります。

「人の心をつかむ」とは、相手の隠れた自分好きを刺激してあげることですが、まずは自分自身の心身を健康に保ち、自己肯定感を高めることが大切です。

最後になりますが、いつも研究を支えてくださる東北大学および関係してきたさまざまな先生方、研究生活の基盤となる日本科学技術振興（JST）さきがけ、CREST、創発的研究支援事業、ムーンショット型研究目標9の支援に感謝いたします。そして、細田研究室のスタッフ、三人の愛する子どもたちに感謝を述べて筆を擱《お》かせていただきます。

二〇二四年八月

細田千尋

引用・参考文献

[はじめに]

＊1 Disclosing information about the self is intrinsically rewarding Diana I. Tamir1 and Jason P. Mitchell Department of Psychology, Harvard University, Cambridge, MA 02138
Edited by Michael S. Gazzaniga, University of California, Santa Barbara, CA, and approved March 27, 2012 (received for review February 7, 2012)

[第1章]

＊1 https://www.science.org/doi/10.1126/sciadv.aat4390

＊2 UNHEALTHY BEHAVIORS TRIGGER SAME BRAIN RESPONSES AS BAD SMALLS by UNVERSTY of GENEVA 2020.10.19

＊3 Self-Face Activates the Dopamine Reward Pathway without Awareness Chisa Ota, Tamami Nakano Cerebral Cortex, Volume 31, Issue 10, October 2021, Pages 4420–4426, https://doi.org/10.1093/cercor/bhab096Published: 16 April 2021

＊4 Neuron, Vol58, 284-294, 24 April 2008
Processing of Social and Monetary Rewards in the Human Striatum
Keise Izuma,Daisuke N. Saito,and Norihiro Sadato

＊5 https://www.pola-rm.co.jp/pdf/release_20140930.pdf

[第2章]

＊1 The Like Switch: An Ex-FBI Agent's Guide to Influencing, Attracting, and Winning People Overby Jack Schafer (Author), Marvin Karlins

＊2 How to Use NLP for Pacing and Leading Rapport (linkedin.com)

＊3 7 Active Listening Techniques For Better Communication
It's time to start having more intentional conversations
By Arlin Cuncic, MA
Updated on February 12, 2024
Medically reviewed by Amy Morin, LCSW
Active Listening: Techniques, Benefits, Examples (verywellmind.com)

＊4 The Like Switch: An Ex-FBI Agent's Guide to Influencing, Attracting, and Winning People Overby Jack Schafer (Author), Marvin Karlins

＊5 Curr Biol.2014 Jun 16;24(12):1347-1353

＊6 Disclosing information about the self is
intrinsically rewarding
Diana I. Tamir1 and Jason P. Mitchell
Department of Psychology, Harvard University, Cambridge, MA 02138
Edited by Michael S. Gazzaniga, University of California, Santa Barbara, CA, and approved March 27, 2012 (received for review February 7, 2012)

［第3章］

＊1　Psychological Safety Comes of Age: Observed Themes in an Established Literature
Amy C. Edmondson[1], and Derrick P. Bransby[1]

＊2　Motivation and Personality(first edition: 1954, second edition: 1970)

＊「なぜ他者と比較せずにはいられないのか」
脳科学が解説、なぜ人は自分より優れた人が不幸になると喜びを感じるのか「PRESIDENT Online（プレジデントオンライン）」

〈参考文献〉

・Feinberg, M., Neiderhiser, J. M., Simmens, S., Reiss, D., & Hetherington, E.M.（2000）. Sibling comparison of differential parental treatment in adolescence：Gender, self-esteem, and emotionality as mediators of the parenting-adjustment association. Child Development, 71, 1611-1628.

・Fenigstein, A., Scheier, M.F., & Buss, A. H.（1975）. Public and private self-consciousness：Assessment and theory. Journal of Consulting and Clinical Psychology, 43, 522-527.

・Festinger, L.（1954）. A theory of social comparison processes. Human Relations, 7, 117-140.

・Baumeister, R. F.（1982）. A self-presentational view of social phenomena. Psychological Bulletin, 91, 3-26

・Buunk, B. P., & Mussweiler, T.（2001）. New directions in social comparison research. European Journal of Social Psychology, 31, 467-475.

・Wills, T. A.（1981）. Downward comparison principles in social psychology. Psychological Bulletin, 90,

245-271.

*「『ジャイアニズム』はトクか損か」
心理学が解明「手柄横取り上司」は結局、仕事で成功するのか「PRESIDENT Online（プレジデントオンライン）」
〈参考文献〉
・Adam Grant, Give and Take: Why Helping Others Drives Our Success (New York: Viking, 2013)
・Bartlett MY, DeSteno D. Gratitude and prosocial behavior: helping when it costs you. Psychological Science. 2006 Apr;17(4):319-325. DOI: 10.1111/j.1467-9280.2006.01705.x.
・Bartlett MY, Condon P, Cruz J, Baumann J, Desteno D. Gratitude: prompting behaviours that build relationships. Cognition & Emotion. 2012 ;26(1):2-13. DOI: 10.1080/02699931.2011.561297.
・Kini P, Wong J, McInnis S, Gabana N, Brown JW. The effects of gratitude expression on neural activity. Neuroimage. 2016 Mar;128:1-10. doi: 10.1016/j.neuroimage.2015.12.040. Epub 2015 Dec 30. PMID: 26746580.

*「マインドフルネスで『内受容感覚』を研ぎ澄ませる」
「つらい自覚がないのに円形脱毛症…」ポジティブ思考の人ほど、じつは心が危ない理由「PRESIDENT Online（プレジデントオンライン）」
〈参考文献〉
・Damásio, A. R. (1994). Descartes, error: emotion, reason, and the human brain. Avon Books.
・Critchley, H. D., Wiens, S., Rotshtein, P., Ohman, A., & Dolan, R. J. (2004). Neural systems supporting interoceptive awareness. Nature neuroscience, 7, 189-195.

・Haase, L., Stewart, J. L., Youssef, B., May, A. C., Isakovic, S., Simmons, A. N., …, Paulus, M. P. (2016). When the brain does not adequately feel the body: Links between low resilience and interoception. Biological Psychology, 113, 37-45.
・Mehling, W., Price, C., Daubenmier, J. J., Acree, M., Bartmess, E., & Stewart, A. (2012). The Multidimensional Assessment of Interoceptive Awareness (MAIA). PLOS ONE, 7, e48230.
・寺澤悠理／梅田聡（２０１４） 内受容感覚と感情をつなぐ心理・神経メカニズム 心理学評論、57, 49-66.
・山本和美（２０１７） マインドフルネスと内受容感覚〈身〉の医療、3, 18-24.

＊「感謝しやすい人は幸福度が高い」
脳科学者が直伝、１週間で「ご機嫌な人」になれる日記の書き方「PRESIDENT WOMAN Online（プレジデントウーマン オンライン）」
〈参考文献〉
・Wood, A. M., Maltby J, Gillett R, Linley PA, Joseph S. The role of gratitude in the development of social support, stress, and depression: Two longitudinal studies. Journal of Research in Personality. 2008; 42(4): 854-871.
・Wood, A. M. Joseph S, Lloyd J, Atkins S. Gratitude influences sleep through the mechanism of pre-sleep cognitions. Journal of psychosomatic research. 2009; 66(1): 43-48.
・Boehm JK, Vie LL, Kubzansky LD. The promise of well-being interventions for improving health risk behaviors. Current Cardiovascular Risk. 2012; 6(6): 511-519.
・Paul J. Mills, Wilson K, Punga MA, Chinh K, Pruitt C, Greenberg B, Chopra D. The Role of Gratitude in

Well-being in Asymptomatic Heart Failure Patients. Integrative Medicine: A Clinician's Journal. 2015; 14(1): 51.
・Kyeong S, Kim J, Kim DJ, Kim HE, Kim JJ. Effects of gratitude meditation on neural network functional connectivity and brain-heart coupling. Scientific reports. 2017; 7(1): 5058.
・Emmons RA, McCullough ME. Counting blessings versus burdens: an experimental investigation of gratitude and subjective well-being in daily life. Journal of personality and social psychology. 2003; 84(2): 377-389.
・Karns CM, Moore WE 3rd, Mayr U. The Cultivation of Pure Altruism via Gratitude: A Functional MRI Study of Change with Gratitude Practice. Front Hum Neurosci. 2017
・相川 充（2012） 幼児の感謝表明を促すソーシャルスキル・トレーニングの効 日本教育心理学会第54回総会発表論文集，736.
・相川 充・矢田さゆり・吉野優香（２０１３） 感謝を数えることが主観的ウェルビーイングに及ぼす効果についての介入実験 東京学芸大学紀要総合教育科学系Ⅰ,64,125-138.

[第４章]

＊１ Positive emotional contagion and motivation improvement for cognitive tasks using facial expression stimul
＊２ Effect of individual differences in nonverbal expressiveness on transmission of emotion Volume 6, pages 96-104, (1981)
＊３ Harlow, H. F. (1958). The nature of love. American Psychologist, 13(12), 673-685. http://doi.

org/10.1037/h0047884 Loken, L. S., Wessberg, J., Morrison, I., McGlone, F., & Clausson, H. (2009). Coding of pleasant touch by unmyelinated afferents in humans. Nature Neuroscience, 12(5), 547-548. http://doi.org/10.1038

＊4 Klaus-Peter Lesch; Dietmar Bengel, Armin Heils, Sue Z. Sabol, Benjamin D. Greenberg, Susanne Petri, Jonathan Benjamin, Clemens R. Muller, Dean H. Hamer, Dennis L. Murphy (11 1996). "Association of Anxiety-Related Traits with a Polymorphism in the Serotonin Transporter Gene Regulatory Region". 274 (5292): 1527-1531. doi:10.1126/science. 274.5292.1527. ISSN 1095-9203

＊5 Werner Guth; Rolf Schmittberger; Bernd Schwarze (1982). "An experimental analysis of ultimatum bargaining". Journal of Economic Behavior & Organization 3 (4): 367-388. doi:10.1016/0167-2681(82)90011-7.

On the Rationality Postulates Underlying the Theory of Cooperative Games
John C. Harsanyi
The Journal of Conflict Resolution
Vol. 5, No. 2 (Jun., 1961), pp. 179-196 (18 pages)

＊「なぜ同調圧力が生じるのか」
エリート人材が揃っているのに、なぜか「愚かな意思決定」をしてしまうチームの特徴8つ
「PRESIDENT Online（プレジデントオンライン）」

〈参考文献〉
・Janis,I.L.(1982)Groupthink(2nd edition),Boston,MA:HoughtonMifflin.
・Asch, S.E.(1951). Effects of group pressure on the modification and distortion of judgments. In

H.Guetzkow(Ed.), Groups, leadership and men(pp. 177-190).

- Adolphs, R. (1999). Social cognition and the human brain. Trends in Cognitive Science, 3, 469-479.
- Moll, J., Eslinger, P. J., & de Oliveira-Souza, R. (2001). Frontopolar and anterior temporal cortex activation in a moral judgment task: preliminary functional MRI results in normal subjects. Arq Neuropsiquiatr, 59, 657-664.
- Eisenberger, N. I., Lieberman, M. D., & Williams, K. D.(2003). Does rejection hurt? An fMRI study of social exclusion. Science, 302, 290-292.

*「熟年夫婦でも熱愛中のカップルと同量のドーパミンが出る秘訣とは?」

「自己申告データは役に立たない」マッチングサービスの相性予測がアテにならない理由「PRESIDENT Online（プレジデントオンライン）」

〈参考文献〉

- Kajimura S, Ito A, Izuma K. Brain Knows Who Is on the Same Wavelength: Resting-State Connectivity Can Predict Compatibility of a Female-Male Relationship. Cereb Cortex. 2021 Jun 18:bhab143.
  Joel S, Eastwick PW, Finkel EJ. Is Romantic Desire Predictable? Machine Learning Applied to Initial Romantic Attraction. Psychol Sci. 2017 Oct;28(10):1478-1489.
- Ober C, Weitkamp LR, Cox N, Dytch H, Kostyu D, Elias S. HLA and mate choice in humans. Am J Hum Genet. 1997 Sep;61(3):497-504.
- Gettler LT, McDade TW, Feranil AB, Kuzawa CW. Longitudinal evidence that fatherhood decreases testosterone in human males. Proc Natl Acad Sci U S A. 2011 Sep 27;108(39):16194-9
- Pitkow LJ, Sharer CA, Ren X, Insel TR, Terwilliger EF, Young LJ. Facilitation of affiliation and pair-bond

formation by vasopressin receptor gene transfer into the ventral forebrain of a monogamous vole. J Neurosci. 2001 Sep 15;21(18):7392-6.

・Scheele D, Wille A, Kendrick KM, Stoffel-Wagner B, Becker B, Gunturkun O, Maier W, Hurlemann R. Oxytocin enhances brain reward system responses in men viewing the face of their female partner. Proc Natl Acad Sci U S A. 2013 Dec 10;110(50):20308-13.

［第５章］

＊「自己肯定感が高い人ほど、人間関係がうまくいく」
脳科学が分析「自己肯定感が単に高いだけの人」が行き詰まる超シンプルな理由「PRESIDENT WOMAN Online（プレジデント　ウーマン　オンライン）」

〈参考文献〉

・Baumeister,R.F.,Campbell,J.D.,Krueger,J.I.,&; Vohs,K.D.(2003). Does high self-esteem cause better performance, interpersonal success, happiness, or healthier lifestyles? Psychological Science in the Public Interest,4,1-44.

・California Task Forceto PromoteSelf-Esteem and Personal and Social Responsibility. (1990). Toward a state of self-esteem.Sacramento,CA : California State Department of Education.

・岡田涼・小塩真司・茂垣まどか・脇田貴文・並川努（２０１５）日本人における自尊感情の性差に関するメタ分析。パーソナリティ研究、24, 49-60.

・Ito, M., & Kodama, M. (2006). Self-feelings that support intentional self-development inuniversitystudents: Senseofauthenticity and global and contingent self-esteem. Japanese Journal of Educational Psychology,

54, 222-232.
- Kernis, M. H. 2003 Toward a conceptualization of optimal self-esteem. Psychological Inquiry, 14, 1-26.
- Rosenberg, M. 1965 Society and the adolescent self-image. Princeton, NJ: Princeton University Press.
- Deci, E. L., & Ryan, R. M. 1995 Human autonomy: The basis for true self-esteem . In M. H. Kernis(Ed.), Efficacy, agency, and self-esteem. New York: Plenum. 31-46.

＊1 First Impressions: What You Don't Know About How Others See You by Ann Demarais Ph.D. and Valerie White Ph.D. |Mar 29, 2005

＊「『嫌い』は増幅する」

MacLean, Paul D. (February 1-2, 1981). "James W. Papez Oral History Collection" (Interview: Audio). Interviewed by Kenneth E. Livingston. Retrieved October 24, 2016.

Greenberg, Stephen (October 24, 2016). "Pronunciation of James W. Papez according to Oral History Tapes housed in U.S. National Library of Medicine" (Interview: Telephone Conversation). Interviewed by James W. H. Sonne.

Bear, Mark F., Connors, Barry W., & Paradiso, Michael A. (2006). Neuroscience: Exploring the Brain (3rd ed.). Philadelphia, PA: Lippincott Williams & Wilkins.

＊2 Kazuhisa Shibata, Takeo Watanabe, Mitsuo Kawato, Yuka Sasaki: Differential activation patterns in the same brain region led to opposite emotional states. PLoS Biology. DOI:10.1371/journal.pbio.1002546 (2016).

＊3 Moore, M. M. (1985). Getting that female glance: Patterns and consequences of male nonverbal behavior in courtship contexts. Ethology and Sociobiology, 6(4), 237-247.

＊4　Chartrand, T. L. & Bargh, J. A. (1999). The Chameleon Effect: The Perception-Behavior Link and Social Interaction. Journal of Personality and Social Psychology, 76(6), 893-910.

［第6章］

＊「数学のできる人は、年収約一〇〇〇万円の優位性を持つ」「脳科学的に数学が得意になる方法」経済力に１０００万円の差「数学コンプレックス」が人生に及ぼす驚きの影響「PRESIDENT Online（プレジデントオンライン）」

〈参考文献〉

・浦坂純子・西村和雄・平田純一・八木匡［２０１０］「数学教育と人的資本蓄積」『クオリティ・エデュケーション』第３巻
・山本耕平、安井大輔、織田暁子、「理系の誰が高収入なのか？：SSM2005データにもとづく文系・理系の年収比較」京都社会学年報：ＫＪＳ（２０１５）、23: 35-53
・Peters E, Tompkins MK, Knoll MAZ, Ardoin SP, Shoots-Reinhard B, Meara AS. Despite high objective numeracy, lower numeric confidence relates to worse financial and medical outcomes. Proc Natl Acad Sci U S A. 2019 Sep 24;116(39):19386-19391. doi: 10.1073/pnas.1903126116. Epub 2019 Sep 9. PMID: 31501338; PMCID: PMC6765274.
・Daker RJ, Gattas SU, Sokolowski HM, Green AE, Lyons IM. First-year students' math anxiety predicts STEM avoidance and underperformance throughout university, independently of math ability. NPJ Sci Learn. 2021 Jun 14;6(1):17. doi: 10.1038/s41539-021-00095-7. PMID: 34127672; PMCID: PMC8203776.
・Wang Z, Hart SA, Kovas Y, Lukowski S, Soden B, Thompson LA, Plomin R, McLoughlin G, Bartlett CW,

Lyons IM, Petrill SA. Who is afraid of math? Two sources of genetic variance for mathematical anxiety. J Child Psychol Psychiatry. 2014 Sep;55(9):1056-64. doi: 10.1111/jcpp.12224. Epub 2014 Mar 10. PMID: 24611799; PMCID: PMC4636726.
・Sarkar A, Dowker A, Cohen Kadosh R. Cognitive enhancement or cognitive cost: trait-specific outcomes of brain stimulation in the case of mathematics anxiety. J Neurosci. 2014 Dec 10;34(50):16605-10. doi: 10.1523/JNEUROSCI.3129-14.2014. PMID: 25505313; PMCID: PMC4261089.

＊「高収入遺伝子の発見」

「40代の収入は〝半分以上遺伝で決まる〟は本当か」「PRESIDENT WOMAN Online（プレジデント ウーマン オンライン）」

〈参考文献〉

・W. David Hill et al,"Genome-wide analysis identifies molecular systems and 149 genetic loci associated with income", Nature Communications volume 10, Article number:5741(2019)
・Ando J,et al. "Two cohort and three independent anonymous twin projects at the Keio Twin Research Center(KoTReC)". Twin Res Hum Genet, 16:202-216, 2013
・Davis OSP, Haworth CMA, Plomin R. "Learning abilities and disabilities:Generalist genes in early adolescence." Cogn Neuropsychiatry, 14:312-331, 2009
・Tucker-Drob EM, Briley DA. "Continuity of genetic and environmental influences on cognition across the life span:a meta-analysis of longitudinal twin and adoption studies." Psychol Bull, 140(4):949-979, 2014
・Yamagata S, Nakamuro M, Inui T. Inequality of opportunity in Japan:A behavioral genetic approach. RIETI Discussion Paper Series, 13-R-097, 2013

編集協力：石井綾子
装丁：印牧真和
カバー写真：坂上命
図版・イラスト作成：齋藤稔（G-RAM）

YouTube
https://www.youtube.com/channel/UCw1EFbVOcBfbCChk919Zd0g

Instagram
https://www.instagram.com/chihiro_hosoda_official/

細田千尋研究室 HP
https://neurocog.is.tohoku.ac.jp/

〈著者略歴〉
細田千尋（ほそだ・ちひろ）
医学博士・認知科学者・脳科学者
東北大学加齢医学研究所 東北大学大学院情報科学研究科准教授。

東京医科歯科大学大学院医歯学総合博士課程修了。

国立精神・神経医療研究センター流動研究員、㈱国際電気通信基礎技術研究所ATR専任研究員、東京大学大学院総合文化研究科特任研究員、JSTさきがけ専任研究員などを得て、現職。

JSTムーンショット研究目標9プロジェクトマネージャー。

内閣府・文部科学省が決定した“破壊的イノベーション”創出につながる若手研究者育成支援事業（JST創発的研究支援）研究代表者。

仙台市教育局「学習意欲」の科学的研究に関するプロジェクト委員会委員、日本ヒト脳マッピング学会委員、Editorial board member of Frontiers in Computational Neuroscience を務める。

脳科学が教える 一瞬で心をつかむ技術

2024年10月10日　第1版第1刷発行

著　者　細田千尋
発行者　永田貴之
発行所　株式会社ＰＨＰ研究所

東京本部 〒135-8137 江東区豊洲5-6-52
ビジネス・教養出版部 ☎03-3520-9615（編集）
普及部 ☎03-3520-9630（販売）
京都本部 〒601-8411 京都市南区西九条北ノ内町11

PHP INTERFACE https://www.php.co.jp/

組　版　株式会社PHPエディターズ・グループ
印刷所　株式会社精興社
製本所　株式会社大進堂

ISBN978-4-569-85757-2

PHPの本

藤井聡太は、こう考える

杉本昌隆 著

集中力、決断力、構想力、読む力……天才はいかにして考え、神の一手を導き出しているのかを、藤井聡太の師匠が明らかにする一冊。

PHPの本

報道、トヨタで学んだ伝えるために大切なこと

富川悠太 著

セリフを覚えるな、自分の言葉で伝えろ。TV報道からトヨタイムズに転身した現場第一のキャスターが、話す・聴く極意を熱く語る。

PHPの本

シンプルで脳科学的に正しい読書法

茂木健一郎　著

どう読書すれば脳によい影響を与えられるのだろうか？　脳科学的に正しい本の読み方を紹介。また著者が読んできた本も明らかにする。